幸せを呼ぶ折紙の秘密

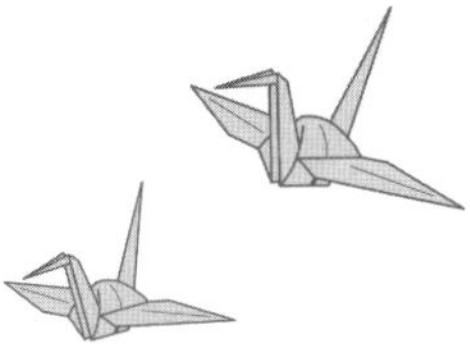

大宮司朗◆著

八幡書店

プロローグ

「折り」といえば折紙、折紙といえば子供の遊びと短絡的に考えがちですが、本来の「折り」は、一般的に知られているよりも遥かに古い歴史をもち、たんなる子供の遊びではありませんでした。

本来の「折り」は神事に関わるものであり、神を祀る場合に必ず必要な「折り」が密かに伝承されてきました。神を祀る場を清める「折り」、自らを清める「折り」、また神を招くための「折り」などです。また「折り」とともに、古神道における最奥の秘事とされる重大な口伝も数多く伝えられてきました。そうした「折り」のなかには、私たちの願いを叶え、幸せを招くものもあります。そのような折紙の秘められた歴史や密義をこれから紹介していくことといたしましょう。

目次

プロローグ……3

第一章　身近な折紙……9
折紙発祥の地・日本……10
日本で折紙が発達した理由……12
折紙の歴史……18

第二章　伊勢神宮と秘められた折紙の歴史……27
姫事としての折紙……28
倭姫命と斎王……29
斎王……32

初斎院と野宮 …… 34
斎宮は整然とした都市だった …… 35
幻の宮 …… 36
松浦家の伝承 …… 38
松浦彦操について …… 47
松浦彦操の上京 …… 56

第三章　能力を高める折紙 …… 61

想像力を養う …… 62
手順の妙を知る …… 66
当たり前のことを当たり前になすことを知る …… 67
正確に、しかし、時にはゆとりも必要なことを悟る …… 69
身体や頭を働かせることの楽しさを知る …… 71
手先の運動神経が発達し、頭脳の働きが活発化する …… 72

集中力が養なわれる　74

第四章　折紙の神秘の理論　77
なぜ斎宮神法の「かたち」に特別な働きがあるのか　78
ユングの集合的無意識と高天原　80
人間の手と頭脳　82
斎宮神法と小宇宙としての人間　88

第五章　折りと気づき　93
発想法に結びつく折りの基本　94
供物敷折りの持つ意味　98
水引の伝　102
中心の大切さを悟る折り「畳紙」　104
四角形の畳紙　105

八角形の畳紙……107
見取り……109
第六章 伝統折紙とまじない……117
鶴……120
蛙……123
荷舟……127
宝船……130
第七章 斎宮神法実践編……135
神折符を折る前に知っておくこと……136
霊験神折符……142
畳み折り基本形……142
清め包み……144

開宝之符……146
魅了符……150
願望達成之符……154
家内安全之符……157
厄除之符……162
幸運之符……167

第八章　もう一歩うえを目指して……171
気を充実させよう！――玄気発現法……172
神折符のエネルギーを感じよう！――折符効能審神法……176
心のなかで紙を折る！――神折符玄想法……178
三剣之略符（辟障符）……181

あとがき……187

第一章

身近な折紙

◆折紙発祥の地・日本

小さいころに、何気なく折った、あやめとか、鶴とか、舟、風船といった折紙。身近にありすぎて、私たちは特別に感動することもほとんどありません。

ところが、折紙を初めて見た外国の人などは、それが一枚の紙で、道具も用いずに折られたものだと聞いて、ビックリします。

小さいころから見慣れている私たちにとっては、折紙は当たり前の存在です。とはいえ、たった一枚の紙が、変幻自在、花にも、鳥にも、乗り物にも、おもちゃにも、森羅万象さまざまなものとなり、それぞれに味わい深いものをもっているのです。

改めて見直すとき、折紙というものは、小さな子供でも、大人でも、女の人でも、男の人でも、だれでも楽しめる、日本に発達した、実に優れた芸術といえるのではないでしょうか。

近頃はこの折紙も世界に知られるようになって、日本では作られることのなかったような五芒星とか六芒星といった形の折紙が海外で作られたりしていますが、もともとは日本独自のもので、外国にはなかったようです。

もちろん、紙を折るということは、それなりにあったのでしょうが、一枚の紙を折るという作業のみで一つの作品を制作するということはなかったように思われます。

中国の人のなかには「紙の製法は中国から日本に伝わったのだから、折紙も中国から日本に伝わったものだ」という人もいるようですが、中国の折紙は実際は戦前に日本人が教えたというのが真実らしく思われます。

スペインでも折紙が盛んで、同国は西洋の折紙の発祥の地であり、独自に折紙が発展したといわれています。しかし、これもまた今から数百年前に、伊達政宗《だてまさむね》の命を受けた支倉常長《はせくらつねなが》の使節団が、スペインを拠点にバチカンやヨーロッパ各地を訪問した際、その使節団の何人かが現地に残り、そこで結婚したということです。折紙はそうした人が伝えた可能性が高いのではないでしょうか。

日本において、折りたたみのできる扇が平安時代に発達し、それが中国に伝わり、さらにヨーロッパに伝わったとされていますが、同じような現象が折紙の世界においてもあるのだと思います。

とすれば、なぜ世界中のなかで日本にだけ、いろいろな種類の、また精緻な折紙が作られるようになったのでしょうか。古神道を奉じる私の立場からすれば、いろいろと神秘的な理由もあるのですが、一般には次のように考えられています。

◆日本で折紙が発達した理由

一つの理由として、日本で古来用いられていた和紙が独特の手触りや美しさをもち、しかもとても丈夫で耐久性に富んでいたことがあげられます。

和紙は日本固有のもので、楮《こうぞ》とか三椏《みつまた》、雁皮《がんぴ》などの皮を材料にして、清浄な水で何度も濯《すす》ぎ、手で漉《す》いて作られます。

和紙は洋紙のように特別な薬品を用いません。和紙は漉いていく過程において、植物の外皮の内側にある丈夫でしなやかな皮（靭皮繊維《じんぴせんい》）のセルロース分子が互いに水素結合してできるものです。和紙独特の美しさは、他のものを添加しないことによって、原料である植物の繊維の本来の色彩や光沢などの持ち味が十分に生かされているからなのです。

ちなみに原料から必要な成分を取り出したり、紙を漉いたりするときには、水を大量に消費し、材料一に対しておよそ百倍以上の水が必要とされています。つまり和紙は日本のようにきれいな水が豊富にあるところでなくては作れないのです。

平安時代の清少納言は「白く清らかな紙に細かく文字が書かれたものはそれだけでも心地よいものだ」と『枕草子』に記し、江戸時代初期の茶人、小堀遠州《こぼりえんしゅう》は和紙を広げ、眺めたり、触れたりして、楽しむことが多かったといいます。和紙の美しさ、手触りを古人は楽しんだのです。そうした和紙であるからこそ、それを用いてなにかを作ろうという気にもなったのでしょう。

また和紙は長い年月を経ても保存できる特徴を持っています。それは千数百年以上も前の正倉院に残された紙からも窺《うかが》えることです。日本で漉かれた、年代の明らかな最古の紙は、正倉院に伝わる大宝二年（七〇二）の美濃《みの》、筑前《ちくぜん》、豊前《ぶぜん》の戸籍用紙です。

そんな古い時代の紙が現代まで劣化しないで存在しえたのは、和紙は洋紙と違い、植物の繊維以外には、なんら人工的な夾雑物《きょうざつぶつ》が混じっていないからで、また薄くても丈夫なのは、材料となる楮などの長い繊維がぴったりと絡《から》み合っているからなのです。

洋紙は強力な薬品で傷《いた》められた木材パルプを原料とし、印刷効果をあげるべく多量の人工物を加えているため、紙によっては数十年でぼろぼろになるものもあります。

和紙は洋紙に比べてとても丈夫で、「宝船」（一三〇頁参照）を折る時のように、かなり折り込んでから内側にあるものを外側に引き出すような折りかたをしても破れませんし、「蓮《はす》の華《はな》」のように、何度も折り畳み、それを反対に折り曲げつつ裏返したりするといった面倒な細工も出来るのです。

蓮の華

薄くても丈夫で、折ったり引っ張ったりしても破れず、手触りもよく美しい、そんな和紙の素晴らしさが、折紙を今あるような芸術にまで導いたのかもしれません。


二つ目の理由としては、木の箸で小さな米の一粒一粒をつかむことができる日本人は、紙を折るということにおいても手先が器用だったということが考えられます。

器用といえば、一粒の米の上に小さな字を書くような人もいますし、米一粒に寿司ネタを載せて、拡大鏡でみれば、普通の寿司と変わらないような一粒寿司を作ってしまうような人さえもいます。

外国人からすると、なんとも器用なものだと感じるようですが、そのように器用だからこそ、一枚の小さな紙を幾重にも折りあげて、優美で複雑な折紙を生み出すことができたのではないでしょうか。

はじめて折紙を見た外国人は、大人の手慰みとしては素晴らしいが、子供にやらせるにはあまりにも難しく無理があるのではないかと思うようです。ところが日本では幼稚園児でさえも鶴やあやめなどを簡単に折りあげています。

もっともどんなこともやらなければできないわけで、箸なら自在に扱えても、ナイフやフォークを扱えない人もいますし、やはり慣れているか慣れてないかという問題はあります。

ですから日本人はもともと指が器用だということがあったにしても、小さいころから身近に折紙があり、それに親しみ、折り慣れることで、自然と指先を動かす神経が発達して、相互作用的に手先が器用になっているとも考えられます。

三つめの理由は、日本人の伝統的な生活様式にあると思われます。外国では、生活の中で、物を折ったり、たたんだりすることは日本にくらべてはるかに少ないようです。もちろんまったくないわけではなく、ナプキンをたたんだり、セーラー服のスカートに襞《ひだ》をよせたりといったことはあるでしょう。しかし洋服ダンスを見れば分かりますが、たたまないでそのままハンガーなどに吊るしておくことが多いようです。

ところが日本では、いまでも羽織《はおり》、袴《はかま》、着物などを箪笥《たんす》の中に収納するときは、一つ一つ丁寧にたたみます。しかもそれぞれ独自のたたみ方があり、能舞台などでは、演者が衣裳の折り皺《じわ》さえも美しく見せています。

かつて日本に折紙の研究にきた外国人は、折紙を紹介する本のなかに、着物のたたみ方なども掲載したという話もあります。

また、今ではベッドを使うことも多くなりましたが、毎日使用する蒲団《ふとん》などもたたんで押入れにしまい、客に和菓子を供するときも懐紙《かいし》などを折ってその上に載せて出します。贈答品につける熨斗《のし》、お祝いの赤飯につける塩入れの包、薬包み、正月のお

雄蝶

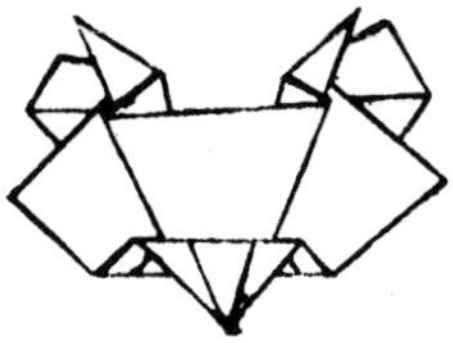

雌蝶

屠蘇《とそ》に水引《みずひき》で結びつける折り鶴から、夏に涼しい風を作る扇子《せんす》まで、すべて折りたたまれています。

少し前までは、様々なものをその品物に応じた包み方で風呂敷に包んで持ち運んでいました。折り、包む、たたむといったことが日常生活に浸《し》みこんでいたのです。

ちなみに江戸時代に手拭《てぬぐい》が日常的に使われるようになると、ただ単に折りたたむのではなく、奴《やつこ》やカエルや財布を模した手拭の折り方が工夫され、日常の生活に彩《いろど》りを加えるようになりました。実際に財布は手拭を折りあげたものを代用する人も多かったといいます。

現在でも神前結婚式では、三三九度の杯に用いる銚子には、雄《お》蝶《ちよう》と雌《め》蝶《ちよう》をかたどった折紙が付けられていますし、地方に行くと、神棚に一枚の紙を折ったものを入れた瓶子《へいし》が左右に置かれているのをよく見かけます。丈夫で美しい和紙があり、そして生活の中になにげなく、折りや包みが存在する、そんな日本であったから折紙芸術も発達したものと思われます。

❖ 折紙の歴史

実をいいますと、折紙には文献などによって知ることのできる表の歴史と、口伝などによってのみ知ることのできる裏の歴史というべきものがあります。まず一般的な折紙の本に記されている、文献などから知ることのできる表の歴史を紹介しましょう。

それによれば、日本の折紙は大きく二種類に分けることができます。誰もが知る折り鶴などの折紙は「遊戯折紙」と呼ばれ、贈答品などに付けられている熨斗などの折紙は「儀礼折紙」と呼ばれます。

それらのルーツとして、宗教的な祭祀儀礼に関係する折紙があっただろうとは考えられているのですが、文献的資料に乏しいため、論及されることはほとんどありません。

さて、現在用いられる意味での折紙という言葉は、明治以降に使われるようになったものと思われます。

すでに平安時代の末期に「折紙《おりがみ》」という言葉が盛んに使われるようになりますが、これは奉書《ほうしょ》、鳥の子、檀紙《だんし》などを横に二つに折ったものを意味しました。それは略式の手紙用紙としてはじまり、後には進物《しんもつ》の目録、鑑定書などに用いられるようになります。

つまりもともと「折紙」という語は、そうした用途のために二つに折った紙のみを意味し、遊戯折紙の折り鶴や、儀礼折紙の雄蝶、雌蝶などは、江戸時代には「折居《おりすえ》」とか「折形《おりかた》」などと呼ばれていました。

折紙そのものは平安朝時代にはすでに行われています。第七十八代二条天皇の御代《みよ》から六条、高倉と三代の天皇に仕え、後には皇太后の大官にまで出世した当時の歌人、藤原清輔《ふじわらのきよすけ》の歌集『清輔朝臣集《きよすけあそんしゅう》』に「青き筋ある紙にて、かえるのかたを作って書つけてやりける」とカエルの折りに関する記述らしきものがあります。

もっともここに記された「青き筋ある紙」というのは「青き筋ある瓜」だという説もあります。「かみ」と「うり」は変体仮名で書かれた場合には見分けづらく、間違えたものではないかというわけです。

また『宇治拾遺物語』に陰陽師《おんみょうじ》・安倍清明《あべのせいめい》が「懐《ふところ》より紙を取り出し、鳥の形に引き結び」て、呪文を唱えて投げ上げると、たちまち白鷺《しらさぎ》となって飛んで行くという描写があります。

古神道のいくつかの重要な折りには結ぶものがあり、今でも神社のおみくじが境内の木の枝などに結ばれていますが、これも紙を何回か折りたたんでから結んでいるのはご存じのとおりです。

だとすれば、清明は紙を幾重にか折りたたんだうえで結んだと推測できますので、これも折りの一種と言えますが、人によっては結んだと記されているだけだから、折りとはいえないだろうと考える人もいます。

ともあれ、そんなわけで、ふつうの折紙に関しても、それに言及した決定的な古い文献を見いだすことは難しいのですが、少なくとも室町時代にはかなり折りが整えられたと考えられています。

というのは、江戸時代の故実家である伊勢貞丈《いせさだたけ》が著した『包之記《つつみのき》』（一七六四年）という数多くの儀礼折紙を記した書に、「右の折形は、京都将軍の御代に用いられた折形だ」という記述があるからです。

室町時代中期には、伊勢流、今川流、大草流などいろいろと流派があったようなのですが、「折形に乱れが見られる」ということで、時の将軍足利義満《あしかがよしみつ》は、小笠原長秀《おがさわらながひで》を儀礼の司と定め、様式の統一を命じたのです。

江戸時代になって、浮世草子《うきよぞうし》の作者で俳人の井原西鶴《いはらさいかく》は延宝八年(一六八〇年)に「一昼夜独吟四千句」を成し遂げ、それを『西鶴大矢数《さいかくおおやかず》』と題して刊行しますが、その中で「盧斉《ろさい》が夢の蝶はおりすえ」と詠《よ》んでいます。これは雄蝶、雌蝶の最古の記録とされています。

この句は能の「邯鄲《かんたん》」の盧斉を題材にしたもので、荘子《そうし》が夢で胡蝶《こちょう》になったというのは有名ですが、同じく能の「邯鄲」にも蝶がでてきており、これは銚子を飾る蝶の折りであるというのです。

ちなみに「邯鄲」というのは、邯鄲の夢といって、盧斉という青年が、趙の邯鄲で、道士呂翁《りょおう》から不思議な枕を借りて寝たところ、次第に立身して富貴を極めるのですが、それは一睡の間の夢であったという中国の話に基づく能です。

また同じく井原西鶴の著書で天和二年（一六八二）に発行された『好色一代男《こうしよくいちだいおとこ》』の中には、主人公の世之介《よのすけ》七歳が、比翼《ひよく》の鳥と、花を作って梢《こずえ》に付けた連理《れんり》の枝を召使にプレゼントする場面があります。

比翼の鳥とは、中国の伝説上の鳥で、雌雄各一目、一翼で常に一体となって飛ぶという鳥、また、連理の枝とは、雌雄一根の樹木で、ともに男女の深く睦《むつ》まじい契りのたとえです。早熟な世之介らしいエピソードですが、この時代には少なくとも、鳥とか、花の折りが存在し、折紙が子供や娘の間でなされていたことが想像できます。この比翼の鳥というのは、おそらく二連の折り羽鶴ではなかったかと考えられています。

折り鶴といえば、松尾芭蕉《まつおばしょう》の弟子で、蕉門十哲の一人として知られる宝井其角《たからいきかく》（一六六一〜一七〇七）の句に「聖代を仰げる」として、「鶴折りて日こそ多きに大晦日」とあります。これは優れた天子の治める世を敬い、平穏な世の中の永く続くことを願って、めでたい鶴を折っているのです。

また其角と同じく、芭蕉の門下であった中川青林《なかがわせいりん》の著書『俳諧三疋猿《はいかいさんびきざる》』の中には、「折形の舟ながさばやかきつばた」という句が詠まれているそうです。カキツバタの咲いている池水に紙で折った舟を流したら、どんなものであろうかというのです。芭蕉の活躍した江戸時代前期に少なくとも折り鶴とか舟などの折紙がなされていたことが窺えます。

享保一九年（一七三四）に出版された欄干《らんかん》のデザイン集『欄干図式《らんかんずしき》』には「折形」という箇所があって「折形の模様は色々とある。この頃では、鶴、虚無僧《こむそう》、荷舟、香包み」と記され、その図も掲載されています。図をみると、虚無僧とは、現在、奴さんと呼ばれているものと同一のようです。

宝暦二年（一七五二）に水本深蔵《みずもとしんぞう》なる人物が『絵本花の宴《えほんはなのえん》』という本を出し、「さまざまの花や鳥など、物の形を紙で折り畳むのは、単に楽しみに行うというわけではなく、儀礼用の折りの難しいものも、手慣れてなしやすくするためである」といったことを記しています。これは『古事類苑《こじるいえん》』の「遊戯部」に収載されていますが、この文を信じるならば、遊戯用の折紙は、もともとは儀礼用の折紙を折りやすくするための一つの手助けとしてあったようです。

寛政九年（一七九七）に京都で出版された『秘傳千羽鶴折形《ひでんせんばづるおりかた》』は、四十九種の連《つら》なった折鶴を紹介しています。この本の作者は京都の秋里籬島《あきさとりとう》という人ですが、その中で紹介される連鶴《れんかく》の作者は、伊勢国桑名の長円寺十一世住職・義道一円《ぎどういちえん》（一七六二〜一八三四）で魯縞庵《ろこうあん》の号で知られています。これが現在世界で知られている一番古い遊戯折紙の制作に関する本です。

文政十三年（一八三〇）に出された江戸後期の風俗百科事典『嬉遊笑覧《きゆうしょうらん》』（喜多村信節《きたむらのぶよ》著）には「この頃、浅草に折居《おりすえ》をたたんで種々の物を作り、人物、鳥獣、どんなものでも人の望みに任せて造る人がいる」とありますので、もうこの頃には、見せものとして折紙を折る人までも出てきていたようです。鶴、舟、奴さんなどの誰もが簡単に折れるものだけでなく、六歌仙《ろっかせん》など少なからず複雑なものも含め、かなり多くの種類の折紙が折られていたのでしょう。

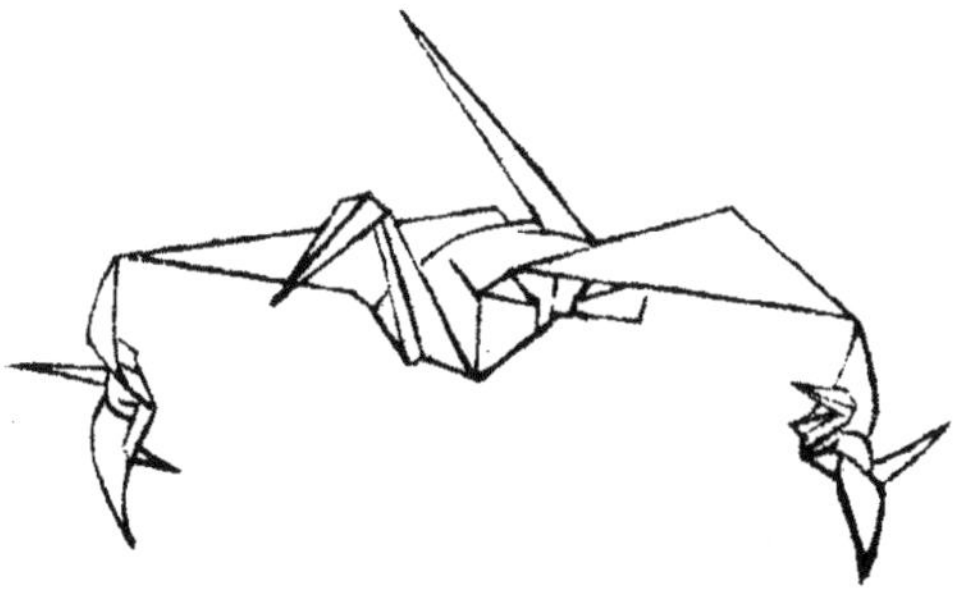

『秘傳千羽鶴折形』より

ちなみに、弘化二年（一八四五）頃までには成立したと推定される『かやら草』（足《あ》立《だち》一之《かずゆき》という人の覚え書き）という書物には「折形の世の中に慰み興ぜられているもののなかでも、千羽鶴、舟、蓮華、三宝、箱、虚無僧、糸入れ、兜の類はどれも人の知るところだから」と、そうしたものを省き、熨斗とか、雛人形とか、六歌仙の折紙の作り方が記されています。

こうしたところが、普通の文献に見ることのできる古い時代の折紙の歴史です。

第二章

伊勢神宮と秘められた折紙の歴史

◆姫事としての折紙

ここまで説明してきたことは、一般的に知られている折紙の歴史です。こうした表に出た折紙の歴史に対して、神道の秘伝として秘密にされてきたために、ほとんど世に知られていない、折紙の隠された歴史があります。

それによれば、もともと「折り」は神事に関わるもので、神を祀る場合に必要な折り、神を祀る場を清める折り、自らを清める折り、また神を招くための折りなどが、いくつかの系統において伝承されてきました。

そのような神事としての折紙の起源は、天孫降臨、また伊勢神宮の創建説話と結びついています。

神事としての「折り」は、天上界から天孫降臨の際に、三種の神器とともに地上にもたらされ、天皇家に伝承され、伊勢神宮を現在の地に定められた倭姫命《やまとひめのみこと》によって大成されます。そして、それは姫事《ひめごと》＝秘事《ひめごと》として、倭姫命を初代とする伊勢の斎王《さいおう》によって連綿と伝えられてきたというのです。

◆倭姫命と斎王

伊勢神宮は、皇室の祖神である天照大神《あまてらすおおみかみ》をお祀りしています。しかし、祖先の神さまですから、天照大神はもともとは宮中に祀られていました。

天照大神は、その子・邇邇芸命《ににぎのみこと》を地上にお下しになるときに、みずからの御霊代《みたましろ》（神の代わりとして祭るもの）として神鏡を授け、

「わが子よ。この鏡を私だと思いなさい。床を同じくし、宮殿を共にし、大切に祀りなさい」

と、おおせになられました。

ですから、崇神《すじん》天皇の御代《みよ》にいたるまでは、天照大神は天皇が起居されるのと同一の大殿の内に祀られていました。これを同床共殿《どうしょうきょうでん》といいます。

しかし、崇神天皇の御代、悪い病気が流行したうえに、穀物は実らず、食料を求めて放浪する民衆が国中にあふれ、各地で騒乱さえ起こる事態となりました。

天皇はこれまで長い間、平穏であったのに、自分の治世になってこのような事態になったのは、天照大神に対し、知らぬうちに不敬のことがあったためではないかと考

えます。このまま同床共殿を続ければ、自然とその行いに馴《な》れが出て、礼を失するようなことや、うっかりと不浄のこともないとはいえない——大神の霊威を深く恐れ畏《かしこ》んだ天皇は、大和の三輪山近くの笠縫邑《かさぬいのむら》に、三種の神器の内の神鏡と天叢雲《あめのむらくも》の御剣《みつるぎ》とを移し、皇女の豊鍬入姫《とよすきいりひめ》に、天照大神を祀らせます。

次の垂仁《すいにん》天皇の御代になりますと、豊鍬入姫命は御齢をとられて、大神にお仕えすることが難しくなり、代わって垂仁天皇の皇女・倭姫命が神にお仕えすることになります。有名な倭建命《やまとたけるのみこと》の伯母にあたられる方です。

『日本書紀』には、垂仁天皇が倭姫命を「御杖《みつえ》」として、天照大神に捧げられたと記されています。また『倭姫命世記《やまとひめのみことせいき》』という文献では、崇神天皇在世中の五十八年に豊鍬入姫命が姪の倭姫命を「御杖代《みつえしろ》」と定めたと記されています。

「御杖」「御杖代」というのは興味深い表現です。杖とは歩行を助ける道具ですが、ここでは、神に使われ、神に占有され、神人合一して、神託するものの象徴です。

倭姫命は天照大神の御杖となって、天照大神の鎮まるべきところを捜して、いづくともなく出で立ち給い、近江に移り、美濃国に入り、伊賀に進み、伊勢に至ります。

『日本書紀』によれば、天照大神が「この神風の伊勢の国は、常世の国の浪《なみ》が繰り返し打ち寄せる国です。大和の傍《かたわ》らにある美しいよい国です。この国にいたいと思います」と託宣されたので、倭姫命は五十鈴川《いすずがわ》の河上に天照大神が永遠にお鎮まりになる社《やしろ》を造ったとされています。これが伊勢の内宮のはじまりで、それは垂仁天皇の二十五年のことだったといいます。

天照大神が宮中を出られ、豊鍬入姫命によって笠縫邑に祀られたのが崇神天皇の六年のことです。崇神天皇の御代は六十八年に及びますから、大神が宮中を出られ、現在の伊勢内宮の地に鎮座されるのに、実に八十七年の歳月を要したことになります。『倭姫命世記』や『皇大神宮儀式帳《こうたいじんぐうぎしきちょう》』などの伝承によれば、これほどまでに年月を要したのは、御杖代となられた倭姫命が、その途上で仮の宮を造営し、大神をお祀りになられたからです。各地に「元伊勢《もといせ》」とよばれる神社がありますが、その由緒は、倭姫命が天照大神の最終的な鎮座地を求める途上で、仮のお宮を造営されたという伝承にもとづいています。

なお『日本書紀』では、倭姫命が五十鈴川の河上に天照大神を祀ったのは垂仁天皇の二十五年ですが、『倭姫命世記』では二十六年になっています。『日本書紀』によれば、神武《じんむ》天皇が橿原宮《かしはらのみや》で即位したのが紀元前六六〇年です。現在の歴史学ではこんな年代は信用できないとされていますが、その話はいったんおいて、計算すると垂仁天皇の二十六年は紀元前四年になります。一般的には、聖母マリアが処女懐胎してイエス・キリストが生まれたとされる年です。不思議な暗合ですね。

宮中を出られた天照大神の御霊代は、さながらイスラエル人が荒野をさまよったように、幾多の年月を経て、ようやく現在の内宮の地に鎮まられました。「高天原にいて、御門を押し開いて」見給い求めた地であっても、そこへ進むには幾多の星霜《せいそう》を要し、そこに至るには神の御杖代となって仕える清き女性を必要としたのです。

◆ 斎王

このように垂仁天皇の皇女・倭姫命は五十鈴川の河上に内宮を創建され、みずから神にお仕えになりました。ここから聖なる皇女が伊勢の祭祀をになうという伝統が生まれました。

時の天皇の未婚の皇女が、御杖代として天照大神に仕えるということの伝統は、天武《てんむ》天皇の御代になると制度化され、南北朝の戦乱によって廃絶されるまで連綿として続きました。

これを斎王《さいおう》と申します。斎王のおられる宮を「斎宮《さいぐう》」と言いますが、斎王そのものを斎宮という場合もあります。

斎王は歴代天皇の御代のはじめに、未婚の皇女の中から卜定《ぼくじょう》によって定めることとなっていました。もし、皇女のいない場合は、女王、すなわち天皇の兄弟の子女の中から定められました。

卜とはウラナイのことで、古くは鹿の肩の骨を焼いて占われましたが、のちには亀の甲羅《こうら》を焼いて占う亀卜《きぼく》が行われました。

卜定された斎王はただちに伊勢に向かわれたわけではありません。そのまえに、あしかけ三年にわたって斎戒の生活を送られることになります。

◆初斎院と野宮

斎王が卜定されると、宮城内の殿舎《みあらか》を卜で選び、初斎院《しょさいいん》に指定されます。斎王は鴨川で禊《みそぎ》をされたのち、初斎院にお入りになり、約一年間、斎戒の生活を送ります。

翌年の夏になりますと、京都郊外の清浄な野原に野宮《ののみや》というものをお作りになり、秋になると吉日を卜して川辺で禊を行い、そこにお移りになります。野宮は斎王が立たれるごとに、一代かぎりのものとして一時的に造られました。平安時代の後期になると、おおむね京都西方の嵯峨野《さがの》に造営されたようです。嵯峨野の天竜寺奥の野宮神社は、野宮の跡とされています。野宮は黒木《くろき》、つまり皮のついたままの木材で造られました。野宮神社の鳥居の黒木造りは、これにちなむものです。

野宮で一年の潔斎を終えられた斎王は、卜定から三年目の九月上旬、神宮の神嘗祭《かんなめさい》にあわせて伊勢に向かいます。数百人にのぼる官人、女官を従えた大規模な移動は、斎王群行《さいおうぐんこう》といって、きわめて重要な国家の大事として、その儀式や行事は厳格をきわめました。

伊勢に至る道程には頓宮《とんぐう》と呼ばれる仮の宮が造営され、一行の宿泊に当てられます。

京を出立した斎王は、勢田川《せたがわ》、野洲川《やすがわ》など六ケ所の川で禊をされながら、五泊六日の行程で伊勢国の多気郡《たけのこおり》に設けられた斎宮にお入りになりました。

斎宮、つまり伊勢における斎王の御所は、神宮から十キロはなれた現在の三重県多気郡明和町にありました。

◆斎宮は整然とした都市だった

王権が拡充する奈良時代の中頃から斎宮の整備がはじまります。

宝亀二年（七七一）には、都を模した碁盤の目状の方形の区画が導入され、斎宮御殿を中心とする役所や倉庫が整備されます。発掘調査によれば、その規模は東西約一キロ、南北五百メートルに及んだとされます。それは百棟以上も建て物が建ち並ぶ整然とした都市で、当時の諸国を治める国府よりも遙かに大きな規模でした。そこに斎王に仕える内侍などの女官や、警備にあたる武官、雑役人をふくめると、最盛期には約五百人の人々が暮らしていました。

つまり伊勢の地に、ほとんど独立したミニ宮廷が存在したのです。

あとで述べる松浦家には、神事にかかわる折りや結びだけではなく、百鶴などの遊戯的な折りや有職故実を踏まえた三十六歌仙の折りや神代錦の折り方、小切れ布を利用した押絵細工や切りばめ細工などが伝承されていますが、それらはすべてこの伊勢の宮廷文化の一端を示すものといえましょう。

◆幻の宮

古代国家においては、斎王制度は天皇の統治を神権的に権威づけるものとして重要視されましたが、摂関政治によって王権そのものが弱体化すると、だんだん形骸化していきます。発掘調査でも十世紀頃になると柱穴の規模が小さくなり、出土する土器もみすぼらしくなります。斎宮の維持には莫大な費用がかかりますが、中央政府の衰退とともにそれもままならぬ状態になりました。

鎌倉時代になり朝廷が力を失うと、斎王制度はますます形骸化されます。鎌倉後期には斎王の群行も途絶えがちになり、やがて卜定すらまともに行われなくなります。

文永九年（一二七二）、時の斎王の愷子《やすこ》内親王は、父・後嵯峨《ごさが》天皇の崩御《ほうぎょ》のために退下《たいげ》されますが、次の斎王が卜定されたのはなんと三十四年後のことでした。しかもその弉子《まさこ》内親王は、実際には伊勢に下向されませんでした。伊勢の斎宮にお住まいになったのは愷子内親王が最後とされています。

天皇親政の復興をめざす後醍醐《ごだいご》天皇は、斎王制度の再建を試み、娘の祥子《さちこ》内親王を斎王に立てます。しかし建武三年（一三三六）には「建武の新政」そのものが崩壊し、祥子内親王は伊勢に群行することなく、野宮を退下されます。これ以降、朝廷の記録からは斎王、斎宮の記事はなくなります。

かつて栄華を誇った斎宮の殿舎《でんしゃ》はまたたくまに荒廃します。

一三四二年に伊勢に参拝した足利尊氏の侍医・坂十仏《さかじゅうぶつ》の『伊勢太神宮参詣記《いせだいじんぐうさんけいき》』は、斎宮の築地塀《ついじべい》には草木が生《お》い茂り、鳥居は朽ち果てていたと記しています。その八十年後に室町四代将軍の伊勢参宮に同行した花山院長親《かざんいんながちか》の『室町殿伊勢参宮記《むろまちどのいせさんぐうき》』では、斎宮の跡はこのあたりだと言われているが、草木が生い茂るばかりだと記しています。

こうして江戸時代には斎宮村という地名と、「斎王の森」と称される伝承地が畑に囲まれて存在するのみで、斎宮は「幻の宮」になってしまいました。

その一端が明らかになったのはごく最近のことです。一九六九年、明和町（旧斎宮村）古里地区に団地造成計画がもちあがり、緊急発掘調査が行われた結果、斎王宮の大規模な遺跡であることが明らかになり、昭和五十四年（一九七九）に国の史跡に指定されました。一九八九年には斎宮歴史博物館がオープンし、現在も発掘調査が継続されています。

それにしても、王朝時代に栄華をきわめた斎王宮が忽然と姿を消し、ごく最近までその正確な所在地までわからなくなっていたことは、歴史上の大きな謎と言えましょう。

◆松浦家の伝承

斎王に選ばれた皇女は初斎院で一年、野宮で一年、それから伊勢の多気郡の斎宮に入られ、天皇の代替わりまでずっと神に仕える生活を送られました。しかしその実際の神事については謎に包まれています。

年に三回、神宮におもむかれる以外にも、斎王には斎宮での祭祀もありました。斎宮の年中行事として、正月元旦には斎王が神宮を遙拝し、寮頭以下の官人が斎王に拝賀し、供薬《くやく》の儀、歯固《はがた》めの儀などが行われ、二月には祈年祭《きねんさい》、十一月には新嘗祭《にいなめさい》、毎月朔日には忌火《いみび》、庭火祭《にわびさい》があり、晦日には卜庭神祭《うらにわのかみまつり》があり、六月と十二月晦日には大祓が行われ、鎮火祭《ほしづめのまつり》、道饗祭《みちあえのまつり》など、斎宮の清浄を保つ祭祀もありました。

このように斎王が行った顕祭については記録がありますが、はたしてそれがすべてであったとも思えません。神事には顕祭《けんさい》と幽斎《ゆうさい》があります。顕祭とは荘厳な形式で行う通常の祭典ですが、これに対して霊を以て霊に対する幽斎、つまり秘事があったはずなのです。

中国山地の奥深い山里、広島県世羅《せら》郡の松浦家に伝わる伝承によれば、斎王は「折り」「包み」「結び」の修行をし、神に仕えました。これが斎王のいわば幽斎とでもいうべきものであり、その起源は遠く神代に遡《さかのぼ》り、天上界から三種の神器とともに地上にもたらされたといいます。

「折り」とは「天降《あおり》」であり、「天振《あふり》」であり、天意の降下したもので、また天意の振動、律動です。

「包み」は、中に何かを宿すもの、「み」を包むという意味です。「み」とは実であり、真実であり、実相です。

「結び」は「産霊《むすび》」です。「産霊」とはタカミムスビ、カミムスビという陰陽二神の働きであり、陰陽が和すれば、一つの新しい活動が生起することを表しています。

斎王は「折り・包み・結び」によって、つまり一枚の紙（神）を折り、一枚の紙にて包み、一本の紐を結ぶという修業を積み重ねることによって、おのずから宇宙の玄妙なる霊理を体得し、神人一体の境地を悟り、自由自在の境界に入られたのです。

神を祀り、神意を受託するのに必要な「折り」「包み」「結び」を修得し、それを一代ごとに作り替えて伝えていくことこそが、斎王のもっとも重大なつとめであり、そこから派生した折紙は、ミニ宮廷である斎宮の文化として代々伝承されてきました。

斎宮に伝わった「折り」「包み」「結び」を、筆者は斎宮神法あるいは太古真法と呼んでいます。

そのような秘事と文化は、斎王制度の廃絶とともに消え去ったかに見えますが、じつは日本列島の各地に地下水脈のように伝承されていきます。

松浦家の遠祖は、斎王に仕えた松《まつ》の前《まえ》という侍女でした。「吉野の宮の御時」に「南朝の姫君」が斎王に立てられ、伊勢の斎宮におられたとき、松の前は妹の豊《とよ》の前《まえ》とともにお仕えしていました。

ところが南北朝動乱の戦火が伊勢地方にも波及し、斎宮は松の前、豊の前をはじめとするお供の者たちを伴い、吉野へ落ち延びようとされますが、ある峠にさしかかったところで、行く手に賊が現れ、斎王と豊の前達を襲います。

この時、松の前は「神宝」の葛籠《つづら》を背負った従者とともに後方にいたため、危うく難を逃れます。その「神宝」というのは、何百種類におよぶ「折り」「包み」「結び」の実物です。

「松の前」はこの大切な「神宝」とともに吉野に向かおうとしましたが、敵兵に阻まれて果たせず、「楠正行《くすのきまさつら》の手の者」に守られ、「とうどうの宮」につき従い、吉備（現在の岡山県）の山奥に分け入り、「河佐《かわさ》の村の高嶺《たかね》」に世を忍びます。

彼女は人を遣《つか》わして斎王の行方を訪ねますが、杳《よう》として消息が知れず、ついにその高原に庵《いおり》を結び、「天照皇大神《あまてらすすめおおかみ》」と「高木の神」を祭り、「神宝」を守ったというのです。その地には今でも「みこ」という地名が残り、「とうどうの宮」のおられたところは「どうどうの宮」として残っています。

当時、松の前に従った侍たちはその地に村をなしました。松の前は「神宝」を櫃《ひつ》に入れて「常宇根《とこうね》の宮《みや》」に隠し、斎宮の定めのとおりに一代ごとに作り替え、また後世のために書き物にして残しました。

それらの書き物や系図は元禄の頃まであったそうですが、時の領主のお触れで、系図のある者は差し出せば士分に取り立てるといわれ、提出したところ、帯刀は許されたものの、系図や書き物はそのまま戻らなかったとのことです。そして、そのあとは、ただ松浦家の女から女へと口伝により伝えられたとのことです。

以上の松浦家の由来は松浦彦操《まつうらひこぞう》の『神典形象《みふみかたどり》』という本に、彦操が祖母から聞いた話として記されています。この伝承にはいくつか不可解なところがあります。もつれ合った糸を少し解きほぐしてみましょう。

松の前が仕えた「南朝の姫君」とはいったいどなたなのでしょう？

可能性として考えられるのは、最後の斎王といわれる後醍醐天皇の皇女・祥子内親王です。母は後醍醐帝の寵愛を受けた阿野廉子《あのやすこ》(新待賢門院《しんたいけんもんいん》)で、元弘三年(一三三三)十一月に斎王に卜定されました。

常宇根の宮

建武三年(一三三六)六月に、湊川の合戦で新田・楠木軍を破った足利尊氏《あしかがたかうじ》は京都を制圧、建武の新政は崩壊します。このとき祥子内親王は野宮におられましたが、その後の消息は正平七年(一三五二)に吉野に至り、落飾して周徳上人と号し、保安寺に入られたということしかわかっておりません。後醍醐天皇は幽閉されていた花山院を脱出して、吉野で再起を図りますが、このときに祥子内親王を連れて逃げる余裕はなかったと思われますし、そういう記録もありません。つまり、京都が足利尊氏に制圧されて以降の十有余年、祥子内親王の消息は不明なのです。

松浦家の物語は、もともとは祥子内親王の野宮からの脱出行にまつわるものだったのではないでしょうか？

松浦家伝でやや違和感があるのは、松の前が伊勢からどういう経路で中国地方の備後の山奥まで逃れたのかという点です。伊勢から備後では距離的に遠すぎるうえに、北朝側が制圧している畿内を通らねばなりません。わざわざそんな危険を犯す理由が見当たらないのです。しかし、本来の物語が野宮を脱出した祥子斎王の逃避行にまつわるものであるとすれば、松の前が落ち延びた先が中国山地というのもうなずけます。

斎王が賊に襲われ行方不明というのは誤解で、どこかに身を隠されていたのかもしれません。あるいは自分が最後の斎王になることを悟られ、いっさいを松の前に託されたのかもしれません。

こういう伝承は口伝で伝えられていくうちにさまざまに変化し、他の要素が混入するのはよくあることです。個人の記憶ですら何十年も前のことは無意識に再編され、改竄《かいざん》されることを思えば無理のない話です。

たとえば松浦家伝の「とうどうの宮」は大塔宮《おおとうのみや》が訛《なま》ったものと考えられます。大塔宮護良親王《もりながしんのう》は後醍醐天皇の皇子で、倒幕に活躍しましたが、建武の新政の成立後、足利尊氏の陰謀で、父の後醍醐天皇により鎌倉に幽閉されます。そして「中先代《なかせんだい》の乱」のどさくさにまぎれ、建武二年に足利直義《あしかがただよし》の命を受けた淵辺義博《ふちのべよしひろ》によって惨殺され短い生涯を閉じています。

ですから、松の前が大塔宮に従って落ち延びたということは年代的にはありえない話です。どこかで貴種流離譚《きしゅりゅうりたん》が混入したのかもしれません。

しかし、「どうどうの宮」と訛って伝承されてきたことは、松浦家の伝承がさかしらに作られたものではないことを示唆《しさ》しています。そこにこの伝承のリアリティがあります。

また松の前は「楠正行の手の者」に守られて落ち延びたということです。これに関連するかどうか不明ですが、『備後国風土記《びんごのくにふどき》』によれば、世羅郡津田村には楠氏の臣の旧跡があるとのことです。

祥子内親王以降、斎王が卜定された記録はありません。もちろん記録にないからといって、一概に否定することは出来ません。後醍醐天皇は吉野朝を開いて三年後の一三三九年に崩御し、後村上《ごむらかみ》天皇が即位されます。その時に斎王が卜定された可能性がないとは言えません。当時はすべてが混乱の時代であり、敗者である南朝側の記録などはほとんど残っておりません。

伊勢は南朝側の北畠《きたばたけ》が押さえていたので、あるいはその幻の斎王が斎宮に住まわれたこともあるかもしれません。しかし先に述べましたように、一三四二年に伊勢に参宮した坂十仏の記録によれば、当時すでに斎宮の鳥居は朽ち果て、築地塀には草木が繁茂する状態だったと言いますから、いかがなものでしょうか。

いずれにせよ、建武の新政の崩壊とともに、斎宮制度が崩壊し、斎宮神法の秘伝の数々が巷間《こうかん》に流れ、現在に至るまで少しずつ形を変えて伝えられてきたものと考えられます。

私の知るところだけでも、松浦家伝以外にも、神道天行居《しんとうてんこうきょ》伝、紫龍仙真人《しりゅうせんしんじん》伝、嵯《さ》峨《が》東《ひがし》派《は》伝などが存在しています。その詳しいことは拙著『太古真法玄義』を参照してください。

◆松浦彦操について

松浦家の秘められた伝承が明らかになったのは、祖母からそれを伝えられた松浦彦操が昭和十五年に『神典形象』（大東出版社）という本を発表してからです。この本はかつてはたいへん珍しい本でしたが、いまは八幡書店から復刻されています。

松浦彦操は明治三十九年（一九〇六）、松浦浅平・志計野《しげの》の長男として生まれました。戸籍名は萬吉といいます。

彦操がはじめて生家の謎に触れたのは、十歳頃のことだったそうです。神棚のうえに、なにやら古い小櫃や葛籠があることに気づいたのです。神棚に置かれているからには何か神にも等しい尊いもののはずです。しかし子供のことなので、そこまで深く考えたわけではなく、なんとなく気にかかったという程度で、祖父母がその神棚に向かって朝に夕に礼拝していても、とくに不思議には思いませんでした。

ところがその年の夏のことです。祖父母は神棚の上から煤《すす》にまみれた箱や葛籠をおろし、その中から赤黒くなった紙包みや麻縄《あさなわ》で束ねたものや古い書物を取り出し、虫干しをはじめました。見ると、その中には兎や亀や人形などの折紙があり、古い錦で作った細工物や地図のような図面なども交じっていました。またなにやらむずかしそうな字を紙一面に書き連ねたものもありましたが、どれもこれも虫食い跡があり、中にはボロボロになったものもありました。

子どもの彦操は、そのなかでも動物や人形などの折紙が面白く思え、手にとって畳の上に並べていましたが、ふとしたはずみにその上を飛び越えてしまいました。

するとふだんは温厚な祖母が急にはげしく怒りだし、「神さまに対してなんというもったいないことを」と彦操をたしなめ、静かに厳《おごそ》かな口調で古櫃のなかの品々について、遠い昔の神代《かみよ》からの物語を聞かせてくれました。

なにげなく弄《もてあそ》んだ折紙や錦の袋が、実は神代から伝わった宝物であると聞かされた彦操は子供心にも興味を覚え、つぎからつぎへと祖母に質問しました。そして祖母の口からつぎつぎと紡《つむ》ぎだされた物語は彦操を魅了しました。

「おまえは折紙というのは子供の遊びと思っておるだろうが、そうではない。もともとは伊勢の斎王さまに伝えられた秘事なのじゃ。斎王さまは伊勢の大神さまに仕えなさる姫君でな、昔はお上が即位されると、皇女の中からお一方をお選び申し上げて、伊勢に送りなされた。それを斎王さまと申し上げるのじゃ」

もちろん十歳の子供のことですから、その時には正確に理解できたかどうかはわかりません。この古櫃の品物をちゃんと伝えて守っておれば、天地の神様はすべてお守りくださると聞かされて奇異に感じたりもしたのです。

ただ彦操は古櫃の中に納められた兎や亀や鳥の折紙を習いたくて、毎日のように祖母に頼んでその作り方をつぎつぎ教えてもらったのでした。

はじめは、家や神社や花形などを教えてもらいましたが、だんだん動物や人形などの難しい折りに進みました。

そうして三か月もたつと、大きな箱ふたつが折紙でいっぱいになりました。

筆者が何十年か前に、中国山地の奥深い村を訪れたときには、まだ松浦彦操の幼な友達の女性が生存しておられました。その方は彦操から蓮華《れんげ》の折りなどを教わり、それを仏前に上げて、親に褒《ほ》められたことがあったと言い、それを手近な紙を用いて折って見せてくれました。

彦操はそれらの折紙を習っているうち、折り方に一定の法則があり、つねに紙の中心を基準として左右上下を折り合わせなければ正しい折り方にはならないことに気がつきました。と同時に、毎日のように無数の折紙を練習することを通じて脳の均整がはかられたと、のちに回想しています。そういう彦操の様子を見ながら、祖母の教え方もだんだんと厳格になっていったといいます。

彦操が習った折紙の中には、現在「百鶴《ひゃっかく》」として知られているものもありました。一枚の紙で小さな鶴を無数に折り上げ、中央にある親鶴を中心に子鶴が輪形に連なるものです。これを習ってしばらくすると、祖母は神棚の前に彦操を座らせ、厳かに祝詞をあげ、お祭りをしました。そして彦操の母を呼び、なにか訓戒めいたことを述べました。

彦操の実母は志計野といい、彦操を産むとまもなくこの世を去りました。ですから母というのは後添えにきた登与という人で、彦操にとっては継母《ままはは》になります。

その年の冬休み、祖母はいつになく上機嫌で彦操に紋付きを着せて、山上の常宇根に祀る神社に参拝させました。この神社は松浦家の遠祖が祀ったという由緒があり、その下が家の墓地になっていました。参拝を終えて帰宅すると、祖母はとつぜん彦操に今日から神さまの御用をさせると告げました。

そして例の古葛籠の中からたくさんの折紙を取り出して、「これは天照大神様が日本の国の宝として遺された斎宮の神法、つつみ・たたみ・むすびというものじゃ。今日から毎日この折りを教える」と告げたのです。

その席には継母の登与も同席し、「私が忙しくて習うことが出来ないから、おまえがかわりにみんな習って、このお宝を守っておくれ」と泣きました。

松浦家では斎宮ゆかりの神法、神事の秘伝を代々、姑から嫁へと伝えられる定めとなっておりました。

しかし登与は農家の出身で教養がなく、さらにそのころ松浦家の家運が傾き、彦操の父母は家業に専念しなければならない事情もあり、彦操に白羽の矢がたったのです。

それはこれまでのような動物や人形の折紙ではなく、もっと尊いものであることはなんとなく彦操にも感じられました。

実際、祖母はそれまでのように懇切な説明はしませんでした。

伝授は「包み」からはじまりましたが、祖母は古い見本を一つだけ出して、彦操の前に置き、同じものを造るように命じるだけだったそうです。

見たところそんなに複雑なものではないので、彦操は内心はこんなものは造作もないと思い、見本どおりのものを造って、上手に出来たつもりで差し出します。すると祖母は「いけません」と突き返します。そこで彦操は不服ながらも造りかえて今度こそはと差し出すと、またも不合格で突き返されます。そんなことを幾度も続けて、はじめて「よろしい」と言って許されたのでした。

こうして一法を修得するたびに、祖母はその「つつみ」の「急所」を解説し、その「つつみ」に籠《こ》められている秘事を説明してくれました。

その年が暮れ、新年になると彦操は「神さまの飾り物」を自分で造らされ、それを使って神祭りをさせられました。

毎日の日課として祖母の伝授は続けられました。「つつみ」の伝授は小学校五年の夏には終わり、「折りたたみ」の伝授がはじまりました。並行して祭祀の方法、八雲《やくも》琴《こと》、神歌《かみうた》なども教えられたということです。秋になると、さらに麻紐などを用いてする「むすび」の修行が加わります。

それら「むすび」ひとつひとつにも、難しい口伝がありましたが、不思議にも簡単に覚えられたと彦操は回想しています。そのころから、あまりぱっとしなかった学校の成績も急によくなったそうです。

またこの頃から彦操は急に直感力が強くなります。友達と遊んでいても、友達の言うことが直前にわかるので、不思議がられたりします。お寺で遊んでいたとき、境内の大木の中ほどで老人が転落する姿が見えたかと思うと、次の瞬間には消えていたこともありました。あとで聞くと、その寺の寺男が二十年前に木の実を取ろうとして転落して死亡するという事件があったことがわかりました。

こうして尋常小学校六年を卒業する頃までには、家伝の「たたみ」「つつみ」「むすび」の形象だけは一通り祖母から伝授されました。

祖母は彦操が造ったそれらのひとつひとつに名称を記入し、箱に納めて神前に奉告しました。そして祖母は朝夕となく、彦操にこれらの形象の由来や意味について物語るようになりました。

その頃から神事に関する折りだけではなく、「包み結び」の手法によるさまざまな手芸も伝授されます。

一枚の紙で六歌仙の人形を折ったり、有職故実《ゆうそくこじつ》を踏まえて三十六歌仙の姿をひとつひとつ織り上げてそれに絵具で彩色したり、板一枚に金銀や絹の糸を連ねて竹べらで神代錦を織る方法なども教えられます。また小切れ布を利用した押絵《おしえ》細工や切りばめ細工など、女子がやる手芸の稽古にあけくれました。

斎王が住まわれる斎宮は、その全盛期においては五百人もの官人を擁《よう》する宮廷であり、「つつみ」「たたみ」「むすび」の神法から派生した独特の文化が栄えていたと思われます。歴史の表面から忽然と消えたその斎宮の多様な文化が、備後の山奥に密かに伝えられていたことは不思議というほかはありません。

彦操が十七歳のときに父がとつぜん病に倒れます。そのため彦操は学校をやめ、母とともに家業について働かねばならない境遇となります。校長先生は非常に残念に思い、自宅で彦操のために国文を講義してくれることになりました。週に三日、彦操は一里の道を通い勉学に励みました。しかしあくなき彦操の向学心は、深夜まで時間を求め、祖母から古代の植物染めの技法や古代の衣服や十二単衣《じゅうにひとえ》、狩衣《かりぎぬ》の裁《た》ち方、縫い方をも学びます。

また祖母は、行方知れずになった斎王と松の前の物語を幾度となく彦操に語り、神代の神秘な行事にまつわる数々の口伝を授けました。

こうして二十歳になる頃には、深夜神前に端座し、「たたみ」「つつみ」「むすび」の形印をひとつずつ供え、一心に天地の神明に祈念すれば、次第に心境が変化し、霊感によりそれらの形印の秘義が悟れるようになったのでした。

また、このころ、彦操は生母方の叔父から神楽舞の伝授を受けはじめます。生母の実家も松浦一門の旧家で、古い神代神楽舞が伝えられ、叔父はその妙手として近隣に有名な人だったようです。

彦操が二十二歳のときに祖母は亡くなります。

祖母の死後も、彦操は一心不乱に祖母から伝えられた秘事の意味について研究を続けます。祖母はただただ伝承されてきたものを彦操に伝えただけで、そこに示された深い意味について脈絡のある説明をすることは出来ませんでしたが、彦操は、大自然の動きが「包み」の法則に関係すること、天体の運行が折紙に表現されていることを悟り、驚愕します。

このころ、彦操は古伝の諸礼法、熨斗、水引結を伝授する国風熨斗道・美耶古《みやこ》流家元、神楽すめら舞宗家を名乗り、徐々に近隣に名を知られ、広島県、山口県の各地から求められるままに講義をするようになっていましたが、斎宮神法そのものについて、どのように世に伝えるべきかについて煩悶《はんもん》があったようです。

◆松浦彦操の上京

昭和十年八月十九日の明け方、彦操に「八雲琴を持って空木の高木の宮へ参れ」という神の啓示がありました。

「空木の高木の宮」というのは広島県府中市の高木神社で、彦操の住まいからは約十二キロはなれた山あいにある古社です。

急いで身支度《みじたく》をすませ、家を出た彦操は、散歩中の町長に出会います。町長がどこへ行くのかと尋ねるので、神示によって高木神社にお参りに行くと言うと、町長は同行を願いでます。また途中で知人に出会い、結局、三人で高木神社に向かいます。神社に着いてまだ眠っている神主を起こして、事情を告げるとたいへん驚き、では神前で琴を奉納して下さいと言われ、山頂の森の中にある古社へと向かうと、途中に清水の湧き出る真名井《まない》がありました。彦操は同行の二人を先に行かせ、神が示すままに禊をし、祝詞《のりと》を唱え祈念します。鬱蒼《うっそう》とした森の奥にある宮に参拝し、彦操はその神前に八雲琴を据えて「菅掻《すががき》」を弾奏しましたが、半《なか》ばまで弾《ひ》いたと思う頃、「頭から鉄の棒を突き入れられた」ようにジーンとなって、電気にうたれたような衝撃を感じました。

このとき、彦操の脳裏に、遠い神代の神々の御心が明らかに悟られ、「皇都に出て神業に仕えよ」という啓示が下されたといいます。

こうして神が示されるままに彦操は上京します。上京後の彦操の足跡については、詳しくは復刻版『神典形象』（八幡書店）巻末に付した筆者の解説をご覧頂ければと思いますが、彦操の名は徐々に当時の神道界に知られていきます。

彦操は昭和十四年には高松宮殿下に召されて講演し、同年から十八年まで日本連合

松浦彦操

婦人会主催にて芝区女子会館で、礼法、すめら舞などを連続講演しています。また、昭和十五年には紀元二六〇〇年奉祝の祭典事務局より、神楽舞指導者養成の講師として任命され、全国に指導者を養成し、昭和十五年九月より十六年三月までは陸軍省皇戦会にて皇風形象学を講じ、昭和十七年二月にはＮＨＫの依頼で東京放送局より「建国の精神」を放送したりしました。

いちばん重要なのは、昭和十五年に『神典形象』を大東出版社より刊行したことです。伊勢斎宮の秘事の一端を、われわれが現在かいま見ることが出来るのはこの書のおかげと言えるでしょう。

彦操の悲願は斎宮の神法について天皇に申し上げることでした。それは戦前にはかないませんでしたが、終戦後の昭和二十一年三月、彦操は宮中に召され天皇、皇后に拝謁、斎宮の秘事を奏上し、著書『神典形象』および折紙人形三点を献上しています。

さらに昭和二十二年十二月、天皇が広島県に行幸された際には、宮島の行在所《あんざいしょ》に参上し、古伝斎宮の復興を奏上したとのことです。

松浦彦操は昭和二十四年六月三十日にわずか四十三才の若さで亡くなります。その数日前、愛用の八雲琴が自然と鳴り出す怪異があり、自分の死期を予期した彦操は、白装束に身をかため、琴を弾き、舞を納め、

「命は惜しくないが日本の芸術が惜しい、斎宮の秘事の絶える事が惜しい」

と嘆かれたそうです。

松浦彦操大人作の恵比寿・大黒

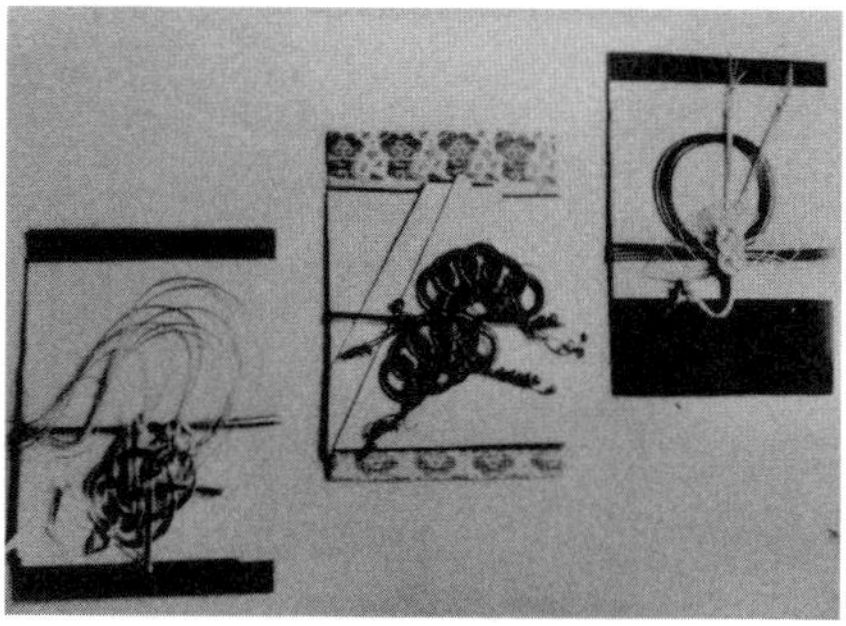

松浦彦操大人作の水引（鶴・亀）

第二章

能力を高める折紙

伊勢の斎宮に伝わった「折り」や神折符の不思議なパワーや神秘的な意味についてはあとで述べますが、それがふつうの遊戯的な折紙であっても、折りに親しむことは、わたしたちの潜在能力をめざめさせ、さまざまな気づきを与えてくれます。

◆想像力を養う

折紙は、わたしたちの想像力を確実に豊かにしてくれます。

ここに一枚の紙があり、その紙を折って、私たちは鶴を作ったり、蓮華を作ったりします。

鶴や蓮華にかぎらず、自然界の存在はそのほとんどが曲線的なかたちをしていますが、折紙ではそれを基本的には直線とその直線が作りなす図形で表現します。

つまり、鶴なら鶴、蓮華なら蓮華の特徴をとらえて、大まかな形で表すわけですから、折られた作品がなにを表象しているのかを判断するには想像力を駆使しなければなりません。

折り鶴であれば、細く長いところが首、その先の尖ったところがくちばし、胴体から左右に伸びている平たいものが羽と想像するわけです。

鶴のように何折りもしたものだけでなく、たんに正方形を二つに折った段階で、これは何に見えるかと考えたりすることによっても、想像力はより発達します。

正方形の紙を二つに折ったものを示されて、何に見えますかといわれても、二つに折った紙ということくらいしか、ふつうは思い浮かばないかもしれません。しかし、どんなものでもいいですから、それを見て思いつくものをできるだけ、あげてみてください。これが想像力や発想力を養うひとつの訓練にもなるのです。

そうすると、バス、電車、箱、筆箱、お風呂、板、ノート、畳、消しゴム、絵本、豆腐、カバン、チョコレート、紙挟み、机、封筒、教科書、まな板、屋根、窓、ドアというように、たんに紙を二つに折ったものからでも、さまざまなものがその形の類似からの連想で浮かびあがってくることでしょう。

斎宮神法の修行では、これをまず一枚の紙において行いました。一枚の紙を見て、そこから何が言えるか、何が想像できるかを考えさせたのです。その一つが「天事之伝《あまごとのでん》」として今も伝わっていますので、簡単に説明してみましょう。

折る前の一枚の紙をよく見てください。その一枚の紙は折りによって、さまざまなものに変じ、さまざまなものを象徴するあらゆる可能性をもっています。しかし、それがどのような形になろうが、なにを象徴しようが、不増不減一枚の紙であることに変わりはありません。

このことから、次のようなことに人によっては思い至ります。一枚の紙をなんらの形をもたない混沌の状態と見立てますと、そこから森羅万象一切のものが生成されるように見えますが、一枚の紙そのものは一枚の紙であり、増えもしなければ減りもしません。そのように私たちの住む世界においても、高天原に神々が現れ、発動して、一切のものがそこから生み出されてくるように見えますが、それは全体としては増えも減りもしていないのではないか。

そして紙を折って何かを造るとき、そこに折る者の心が表現されているように、森羅万象には生成化育を司る神々の心が表現されているのではないかと――。抽象的なレベルになると想像力は悟りに近いものにもなるのです。

私たちは、一枚の紙からもこのような哲理を悟ることができるのです。古神道に口伝されてきた各種の折りには、それぞれこのような哲理が含まれています。折ることによって、またそこになにが秘められているかを考えることによって、さまざまな新しい発想も生まれてきます。

想像は創造であり、想像力を養うことは創造力、創作力を養うことにつながります。折紙をしながら少し想像力の翼を広げてみましょう。何も難しい、抽象的な悟りにまで至る必要はありません。

「もう少し、ここが小さければ、○○に近いものになるのでは」「この角を折り曲げたら、なにか違ったものにならないか」「一枚で折っているものを二枚で折ったらどうなるか」「一枚で二羽の鶴を折れないか」といった具合に発想を広げれば、新しい作品を造形することも出来るようになるかもしれません。

折紙になじみ、見立てや発想が豊かになれば、日常生活や仕事においても創造性を育《はぐく》むことができることでしょう。

❖ 手順の妙を知る

物事を行うには、順序つまり手順があります。手順を踏まずに、一気に鶴や亀などを折りあげることはできません。逆に複雑な折りであっても、手順を踏んでいきさえすれば、小さなお子さんにとっても難しくはありません。

折りによっては、「とうてい私の手には負えない」という気持ちにさせるようなものもあります。しかし、そうしたものでも順序よくやれば、必ず折りあげることができます。

見た目には難しいと感じられたものが、手順を踏んで折っていくことによって、完成したときには難しいものをやり遂げたという喜びを感じることができるでしょう。

これは仕事やビジネスにも通じます。なにごともでたらめにするのではなく、正しい手順を追っていけば、一見難しく見えることでもやり遂げることができるはずです。

実際、仕事を能率よく捌《さば》いている人というのは、何か特別な能力があるわけではなく、仕事を順序よくこなしている人なのです。第一になすべきことは第一に、二番目になすべきことは二番目に、そうするだけでも、仕事の能率はぐっとあがります。

「奴《やっこ》さん」などを折る場合は、四方の角を中央に持ってくるように折りますが、そのためには、まず紙の上と下、左と右の辺を合わせるように折って、あらかじめ中央の一点を特定しておく必要があります。

仕事の場合も同じです。前段階においてなすべき作業があるならば、まずそれをしておかなければなりません。折紙に親しむことで、そういう手順の妙が無意識のうちに心に刻まれていれば、日常生活やビジネスにおいても必ず生きた知恵となって役に立つでしょう。

◆当たり前のことを当たり前になすことを知る

なんとも不思議なことなのですが、なにかの作業をする場合に、やりづらい位置、やりづらい姿勢、やりづらい順序で行う人がいます。

たとえば五種類の印刷物をまとめて、五十人分のテキストを作るとします。

ごくまれなことですが、五種類の印刷物を五つに分けず、ひとかたまりに重ねたまま、確認しながら、一枚ずつ五種類を抜き出して、それを一つ一つホチキスでとめるといった人がいます。

一人分や二人分でしたら、それでもよいかもしれません。でも、何部も作るということでしたら、せめて五種類の印刷物は五種類に分けておいて、そこから取るようにした方が早く五枚集めやすいのはいうまでもありません。一手順が抜けているのです。

また五種類に分けたのはいいのですが、その五種類を一頁目、二頁目と順序よく並べずに、ランダムに並べるために手数がかかる人もいます。

あるいは五種類を順序よく並べたのはよいのですが、それぞれの山は表裏や上下がランダムなままで、綴《と》じるときに一枚づつ確認して、表裏、上下を確認しながらホチキスでとめなければならない人もいます。

さらには順序よく並べてはいても、それを取るために自分が移動しなければならないような場所に並べる人もいます。

またわざわざ身体が疲れるような不自然な姿勢で作業する人がいます。やりやすい位置で、やりやすい手順で、やりやすい姿勢で行うべきなのは当然なのですが、その当然なことがどうもわからない人が多いのです。

こういったこともふだんから折紙に親しんでいれば、どうということはありません。折紙は当たり前のことを当たり前になすための訓練になるからです。

折紙はもともとは神事に関わる大事な作法ですので、敬虔《けいけん》な気持ちで正しい姿勢で折るのが基本です。それがもっともやりやすい自然な姿勢なのです。

また折紙には基本動作というものがあります。下から上に、つまり手前のほうから向こうのほうへ、また時計回りに紙を動かして、下から上に折りあげていくという動作です。

大人でも、子供でも、これがもっとも折りやすい作法なのです。

古人はこのような折りの作法によって、おのずから当たり前のことを当たり前になすということを身につけることができたのです。

◆正確に、しかし、時にはゆとりも必要なことを悟る

折紙を何度もやっているうちに、下辺を上辺に合わせて折るにしても、角と角を合わせて折るにしても、また中心に四方の端を寄せて折るにしても、基本的には正確に

折るようにすると、次に折るときに都合がよく、結果的に出来上がりがよくなることが悟れてきます。

一つの折りでもいい加減に折ると、出来上がりに大きな違いが生じてきます。

これに気づけば、小さなお子さんも、日常生活で自分のなすべきことをいい加減にせず、正確にこなすように気をつける習慣が身につきます。あとで使いやすいように、身の回りのものや玩具などもきちんと片づけるようになるでしょう。また大人も、正確に行程をつみあげていくことの重要さに気づけば、仕事のひとつひとつの過程を大事にするようになります。

ただし、ここでもうひとつ重要なことは、紙に一定以上の厚みがある場合は、あまりきっちりと折りすぎるとかえって出来上がりが見苦しくなる場合もあるということです。この場合にはきちきちに合わせず、少しゆとりを持たせて折ることも大切です。正確に折らないというわけではなく、少しゆとりを持たせるのです。

仕事や人生においても同様なことがいえます。これが正しいのだと人に押しつけても必ずしもうまくいかないこともあります。仕事の段取りにしても、場合によればあとで軌道修正できる余地を残しておくことが必要な場合もあります。折紙は、時にはゆとりを持つ、また持たせるということの必要性をも気づかせてくれるのです。

◆身体や頭を働かせることの楽しさを知る

折紙は、手を使い、頭を使うワークです。その結果、畳紙《たとう》（一〇四頁参照）であれば紋様の美しさを楽しみ、複雑な人形を作ってはその出来ばえに自ら感心したりもします。折紙は、身体を使い、頭を使って何かを作り出すことの喜びを私たちに教えてくれます。

これは私たちが、日常生活や仕事において、積極的に身体を動かし、頭脳を働かせて、大きな何かを作り出す原動力ともなるでしょうし、小さなお子さんならば、折紙を通じて物を作ることの喜びを知り、そこから折紙にかぎらず、何かを創造しようという意欲が養われてくるでしょう。

私たちはそれぞれ顔も個性も違いますが、人として生を受けた以上は、それぞれ何らかの成すべき使命を持っているわけで、無為にこの世を過ごしていいわけではありません。創造主が世界を作り上げたように、その創造主に似せて誕生した私たちは、同じく造化の一端を担うべきなのです。

さらに人によっては、舟を折り、鳥を折り、花を折ることで、あるいはよりよい折りを探求する過程で、現実の舟や鳥、あるいは花を深く観察するようにもなります。

折紙はそのような気づきをもたらしてくれます。紙を淡々と折り続ける楽しさを知ることで、それぞれの環境において、みずから進んで作業し、しかも専念できる習慣が養われることになります。

◆手先の運動神経が発達し、頭脳の働きが活発化する

折紙は、当然のことですが手を頻繁《ひんぱん》に動かすことが要求されます。

身体のどの部位でも使わなければ退化しますし、適度に使えば発達するものです。折紙に親しめば、それだけ手先の運動神経が発達し、指先の細かい動作が正確になります。

しかし、それだけではありません。大脳生理学によれば、手や指は、身体の他の部

分にくらべて、脳の働きと深い関わりがあります。手は脳の「運動野」（前頭葉にある随意筋運動を支配する領域）や「体性感覚野」（皮膚や体内の感覚受容器からの情報にかかわる部位）と大きく関わっています。

ですから、折紙で手を活発に動かせば、脳の多くの部分を刺激することになります。しかも、脳には筋肉の運動をつかさどる運動中枢（運動野はこの一部）、皮膚の感覚中枢、眼をつかさどる視覚中枢、耳をつかさどる聴覚中枢、言語をつかさどる言語中枢などがありますが、これらの中枢は互いに刺激しあうことによって相乗的に発達する仕組みになっています。

ですから、折紙で手を動かすことで運動中枢に活発な刺激を与えれば、その刺激が隣りあっている言語中枢、感覚中枢、視覚中枢、その他の中枢に及んで各中枢が発達し、知能全体の発育を促すことになります。

また折紙の過程では、さまざまな幾何学図形が出現します。これは正方形、これは長方形、これは二等辺三角形などと、いちいち意識はしませんが、何度も折っているうちに、自然と数学的、幾何学的観念が養われ、そうした方面にも興味を持つようになります。

定規や分度器などを使わずに、折る作業だけで、五角形や八角形を作ったりしているうちに、幾何学が苦手というような方も自然といろいろなかたちに対する面白さを感じてくるものです。子供でしたらなおさらでしょう。

◆集中力が養なわれる

勉強をする、仕事する、何をするにしても必要なことは集中力です。気持ちがあちらこちらに散漫になっていたとしたら、一時間でできるものが、二時間になったり、三時間になったりします。それだけならいいのですが、大きなミスをしてしまうことさえあります。

何かに集中する、また集中できるということは一種の慣れで、一つのことにスッと集中できる人は他のことにも集中しやすいものです。ですから、自分の興味のあることをして、まず集中力を高める訓練をするといいのですが、人によっては自分のやりたいことさえ、わからない人もいます。

そういう点で、折紙は、誰もが興味を持ちながら簡単に集中力を養うことができるワークといえましょう。簡単なものですとわずか数秒で折れてしまうものもありますが、複雑なものは折るのに一時間も二時間も掛かります。

ところが不思議なもので、興味のある作品を作りたいと思って折っていると、いつのまにか時間を忘れてしまい、「あれ、もうこんな時間になってしまった」と驚くことが多いのです。時間が経《た》つのがわからないほどに集中しているわけです。

集中力を養うためといって、静座をさせたり、何かを見つめて意識をそこに集中する練習をさせるところもあります。しかし集中しやすいという意味では、出来上がりをイメージして、手を使い、頭を使い、目を使って行う折紙はより効果的です。集中力がないという人はもちろんのこと、より一層の集中力、精神統一の力を得たい人は折紙に励んでみるのがいいでしょう。

集中力がないお子さんにも折紙は効果的です。そのときに注意しなくてはならないことは、せっかく子供が折ったものを不正確だからといって折り直させるようなことをしてはならないということです。それは一見正しいように思えますが、実際は子供の折紙に対する自信を失わせ、やる気をなくさせてしまう悪い結果になりがちです。

大事なことは折ったり製作したりする過程です。簡単なものから難しいものへ、乗り物にしろ、動物にしろ、花にしろ、子供が興味を持つ折りからはじめることです。折る過程で、順序よく折ること、折りやすいように折ること、正しい姿勢で折ることを、上手に折るためのコツとして、優しく教えてあげる。そうしたことが大切で、その出来あがったものだけを見て評価すべきではありません。

斎宮神法の神道的な折りの伝授は、師匠の前に弟子が座し、一対一でなされたもので、そこでさまざまな口伝が必要に応じて伝えられました。お母さんがお子さんに折紙を教える場合もこれと同じです。紙を折りながら、時に応じて、「こうしたら、もっとステキなものができるわよ」と折るためのコツを一つ一つ教えていく、その結果として子供はよりよい方向に自然と変わっていくのだということを覚えておいてください。

第四章

折紙の神秘の理論

◆なぜ斎宮神法の「かたち」に特別な働きがあるのか

斎宮神法は、一枚の紙を折って、定められた「かたち」を造ります。その「かたち」には不思議な力があり、第七章で紹介する神折符とよばれる折りは、霊符、護符としての役割を果たします。少し練習すれば、神折符からはとても強力なエネルギー（玄気、オーラ）が放射されているのを感じとることができます。

一般的に「かたち」や図像は、何かをあらわす恣意《しい》的な記号と考えられています。恣意的というのは人間の都合で勝手に決めたもので、その記号が指し示す本質とは関係がないという意味です。

たとえば○に一は車両進入禁止の道路記号です。これは公的な機関が勝手に決めただけで、べつに他の記号を当ててもよかったはずです。ですから学習効果として、あここは進入禁止だな、と条件反射することはあっても、それがあなたの心の深い層に影響を与えることはありません。

しかし護符などの「かたち」は恣意的なものではありません。なかには人間が恣意的に作ったと思われるものもありますが、真正のものは見えない世界、見えない存在と深く関わっています。たとえば、よく知られた神秘的な「かたち」に五芒星があります。古くバビロニアの昔から悪霊を防ぐ護符として使われ、日本ではセーマンの符として同じく魔除《まよ》けに使われてきましたが、ドイツの神秘学者ルドルフ・シュタイナーによれば、これは人間のエーテル体のエネルギーの流れをあらわしています。

またマンダラなども単なる装飾的な図ではなく、それは仏教の宇宙観を感得するための重要なイメージ増幅器のようなものとされていますが、「かたち」は、そのように心の深層部に働きかけるだけではなく、現実の世界にも影響を及ぼします。

「かたち」がある種のエネルギーを放射する例としてはピラミッドパワーが有名です。ピラミッドの形状をした器のなかに使用した剃刀《かみそり》を入れておくと切れ味が元にもどったり、果物を入れておくと他で保存された場合にくらべて明らかに鮮度が長持ちしたり、酒を入れておくと味がマイルドになったりすることはご存知の方も多いでしょう。

パワーストーンもどういう形状にカッティングするかによって、そのエネルギーが変化すると言われています。

ちなみに斎宮神法には「三種之神器台折《さんしゅのじんぎうてなおり》」という重秘の敷物の折りがあります。

本来は三種の神器をその上に載せておくべきものだったそうですが、その上に神事に用いる祭具などを置くと、その霊的なパワーを強化すると伝えられています。

◆ユングの集合的無意識と高天原

斎宮神法に伝わる折りは、天孫降臨に際して、三種の神器とともに現界にもたらされたと伝えられています。それは斎宮神法の折りの「かたち」が、根源的な世界から流出したことを意味します。

この根源的な世界を神道では高天原《たかまがはら》と表現します。それはユングのいう集合的無意識の世界と関連します。ユングは分裂病の患者が見た妄想が、ミトラ教の古い神話とまったく同じものだったことから、人間の意識の最深層部には、個人の経験をこえた集合的無意識の世界が横たわっていることを発見しました。

そこには、現在の人類ばかりではなく、過去の人類とも等しく共有する原初的なイメージ、感情、思想が眠っています。

ある特定の「かたち」は、この集合的無意識の世界に働きかけ、そこに眠っている太古の記憶や感情を甦らせるのです。

広い意味では神社なども景観として一定の「かたち」を持っています。鳥居をくぐり、瑞垣《みずがき》があり、神池があり、苔むした岩があり、木々に覆《おお》われたその境内《けいだい》を歩めば、それだけで心の奥底に眠る特定の印象が呼び覚《さ》まされます。それはあなたがふつうの庭園や公園を歩くときとはちがった印象を与えてくれます。自分では意識をしなくても、それは魂の深い部分に働きかけます。

いま見る神社の景観が歴史的にどこまでたどることができるかというようなことは問題ではありません。そこには、集合的無意識の世界に眠る太古の心的フォルムと共鳴する何かがあるはずです。在野の民俗学者・川口興道《かわぐちこうどう》は、神社の景観ははるか太古の「天狭霧国《あまのさぎりのくに》」の反映であると論じました。

古神道では「顕幽合わせ鏡」という考え方があります。神々のまします高天原の「かたち」は、地上の世界にその影を落とし、この世界にそれに照応する「かたち」を生み出します。一方でそれは天上界に通じる「かたち」を造れば、そこに天上界のエネルギーが流入し、特別の波動を産むということになります。それが斎宮神法なのです。

◆人間の手と頭脳

斎宮神法において「かたち」がもつ重要性はおわかり頂けかと思いますが、より重要なことはその「かたち」を自分の手で折りあげるという点にあります。

無心で斎宮神法の折りを実践する人が、いつのまにか直感力や霊覚を得ることはよくあります。

斎宮神法においては、最終的な「かたち」を造っていく過程そのものが、森羅万象を生み出された神の技のまねびです。紙を折り、紙をもって包み、また紐を結ぶとき、その折って、包んで、結ぶという行いによって、高天原への扉が開かれ、私たちの遠い祖先が体得した霊覚を、再び感得することができるとされています。

ですから、斎宮神法の折りを実践する人がいつのまにか直感力や霊覚を得たとしてもなんら不思議はありませんが、それは折りの実践で使われる手そのもの、そして手と脳の持つ相関性によるところもあると考えられます。

宇宙の絶対的な力と感応共鳴する「かたち」を折りあげるには、両手の働きが不可欠なのです。

「手」は私たちにとってあまりにもあたりまえの存在です。しかし、少し視点を変えると、これほど人間にとって大切なものはありません。二本の足で立つようになった人間は、前足を「手」として用い、さまざまな道具を工夫し、現在に至りました。

手はある意味で、私たちの脳内にある精神とこの世界を媒介するものになっていきます。これまで人類が遺《のこ》した文明の産物はどれもすべて手の働きから生まれています。手は表に出た脳であり、手の作用はその人間がこの世界をどう考えているかを反映しているのです。

そういう意味では、「手」は人間を人間としてあらしめているものといっても過言ではありません。

前章でも述べましたが、「手」は脳と深い関係があります。

カナダの脳神経生理学者ペンフィールドは、身体の各部位からの入力が、大脳皮質のどの部分に投射されているかを示したマップを作成しましたが、それを見ると、手指の神経からの刺激に対応する部分がたいへん大きな領域を占めていることがわかります。

これは、手を使うことが脳を適度に刺激し、その働きに大きな作用を生ずることを意味しています。ドイツの哲学者カントが言ったように、まさしく「手は身体の外に出た脳」とも言えるでしょう。

斎宮神法の折りの修行は、脳を均整化する効果があると言われています。つまり右脳と左脳のバランスを整えるということです。

よく言われるように、人間の脳は右半球と左半球でつぎのようにまったく対照的な働きをしています。

【左脳】

・意識への連絡性　・言語的機能　・観念による認識性

・分析　・細分的機能　・算術的機能

【右脳】

・潜在的意識の連絡性　・非言語的音楽性　・絵画的および図形認識性

・統合　・有機的全体論的象形性機能　・幾何学的認識性

簡単に言うと、右脳は直感的、映像的に働き、左脳は論理的、言語的に働きます。左脳が、かたくるしい計算や論理で創造力を抑圧するのにたいして、右脳こそほんとうの創造性と洞察力のみなもとであり、これを活性化すべきだという意見もあります。

しかし右脳だけが発達すればいいというものではありません。左脳がつかさどる論理能力や言語能力がなければ、人はイメージの世界を浮遊し、正邪の判断がつかなくなってしまいます。へんな新興宗教にはまったり、魔に魅入られる人というのは、左脳の働きが弱いタイプと言えます。

大事なことは、脳全体が、右脳から左脳へ、左脳から右脳へと適宜環境に順応して適切な対応をすることです。事実、才能があると言われている人は右と左の脳をバランスよく効果的に使っているのです。

ところが多くの人々は、右脳、左脳のどちらかに偏《かたよ》りがちです。

斎宮神法の折りの修行は、象徴的形象を折るという動作の反復過程を通して、脳に働きかけ、そうした偏りをなくし、「脳の均整」をはかり、全脳の効果的な活用をもたらします。

「脳の均整」という表現は筆者の言葉ではありません。松浦彦操が『神典形象』の五頁で自分の体験をふりかえり、「折紙を通じて頭脳の均整が行はれた」と述べているのです。昭和十五年のことです。右脳、左脳の特徴や働きが注目されるようになるはるか以前に、松浦彦操は自分の体験を通じてすでに時代を先取りしていたのです。第二章で紹介しましたが、松浦彦操は祖母の指導で斎宮神法の修行に専念するうちに、学校の成績もよくなり、透視能力まで芽生《めば》えます。

また折には、「みなか折」とか「むすび折」とかの名称がつけられていたり、あるいは口伝の存在するものもあります。その名称や口伝の意味と、ある折りの折り手順や折りあがったものの形などとの関係や意味を考え、それを言語的に表現するために右脳と左脳を緊密に連携して働かせなくてはなりません。

しかも折紙を作る過程では、折ったりたたんだりしたあとの形や、さらに最終的に出来上がる形象が必ずイメージされます。ですから、現代人においてはどちらかといえばあまり使われていない映像的活動を司る右脳が活発に働き出します。

こうして斎宮神法の折りを実践することによって、人によっては他の世界をかいま見たり、感じたり、体験したりするようにもなります。そしていわゆる現在以外の「時」、太古の昔から引き継がれた記憶や古代の人々が体験したものを、現在に引き寄せることができるようにもなります。これは折りそのものの神秘的な力によるものですが、科学的には「脳の均整」に関係して誘発される現象とも言えるでしょう。

それにしても、「手」というのは不思議な器官です。ハンドヒーリング、手当て療法、気功法などは、手が宇宙に充満するエネルギーを流入流出させる特殊な霊的器官であることを示しています。また、手相学は手の形象がその人間に関するメッセージを写し出す「鏡」ともなることを教えてくれます。

また、手は何かを作り出すだけではなく、触覚によってまわりの世界を感じとり、肉眼で見る以上の何かを読み取ることができます。

宇宙の力が流入流出し、外界のものを感じ取るその「手」は、脳と連携し、さまざまなものを少しずつ器用にかたち作ります。その結果として、脳はまた活発化し、発達します。「精神」が「手」を作り、「手」が「精神」を作るのです。

◆斎宮神法と小宇宙としての人間

高天原の「かたち」は、地上の世界にその影を落とし、この世界にそれに照応する「かたち」を生み出します。それが斎宮神法の折りです。

とはいえ、神々の世界の波動と地上の波動では、その精妙さにおいて隔たりがあります。従って、それを仲介するものがなければなりません。

その仲介をするのが、神から人間に与えられた一霊です。

古神道では人間の霊魂について、一霊四魂《いちれいしこん》というとらえ方をします。四魂は荒魂《あらみたま》、和魂《にぎみたま》、幸魂《さきみたま》、奇魂《くしみたま》の四魂で、一般的には荒魂は勇気や活動、和魂は親しみや和合、幸魂は愛、奇魂は智恵の働きをつかさどり、一霊は四魂の働きを統轄します。重要なのは一霊で、直霊《なおひ》とも言い、宇宙創造神である天之御中主神《あめのみなかぬしのかみ》の分霊《わけみたま》とされます。動物には四魂はあっても一霊はありません。そこが人間と動物の大きなちがいです。

わたしたちの誰もが生まれながらにして、宇宙主宰神の分霊を授かっているというのはとても素晴らしいことです。それゆえにこそ人は「万物の霊長」とされ、その身体に天地の理を具足し、「小天地」とか「小宇宙」ともいわれるのです。

ですから明治期に古神道を復興した本田親徳《ほんだちかあつ》は「人は霊止《ひと》である」と述べ、その思想を受け継いだ出口王仁三郎《でぐちおにさぶろう》は「人は天地経綸《てんちけいりん》の主宰者《しゅさいしゃ》なり」をその教えの根本としました。

わたしたちが神から与えられた一霊は、天界と地上界を結ぶ存在です。斎宮神法の折りは、一霊を保有する小宇宙である人間の手で折られることで、無限の力を発揮するのです。

ただし、人間の一霊はさまざまな穢《けが》れによって覆《おお》われ、小宇宙であるという自覚を忘れ、その魂は地上界に縛《しば》りつけられています。

ですから、古代朝廷においては未婚の皇女を選び、厳しい斎戒生活を課し、斎宮神法を修斎せしめ、天と地の媒介者としたのです。

しかし南北朝の戦乱で斎王制度は崩壊し、以後、その秘儀は吉備の山中などに密かに伝えられました。

二十世紀になって、松浦彦操によってその秘められた神法の存在が明らかになったのも神の仕組みだと思われます。実際、松浦彦操と並行していくつかの斎宮神法の伝流の存在も明らかになってきました。

松浦彦操は昔から各地に伝わる「日女庫伝説《ひめくら》」について面白いことをいっています。日女庫伝説にはいくつかのバージョンがありますが、おおむね左記のように語られます。

――昔、大地変があって「日の族」が滅亡したときに、神の指示によってその所有する宝物をある場所に隠した。そして、その場所を暗示する歌をその子孫に伝えた。それは、
朝日さす　夕日さすところ
一丈巾さ　一丈深さ
うるし千たる　朱千たる　こがねしろがね、とりつかえ

というもので、日の族の子孫は、朝夕に日の神がこの宝を守りたまうことを信じて、いつかはその宝が子孫のために役立つ日が来ると言い伝えてきたが、ついに今日までその歌の謎は解けずして、宝の埋蔵場所は以前として不明である。

詳しい考証は『神典形象』をご覧頂ければと思いますが、この伝説に関して、松浦彦操は、斎宮神法（みふみかたどり）こそが、この伝説中の「日の族」の神宝であり、古代においても一般の人々の目からは隠されていた秘事＝日女事＝姫事である。それが時期がくれば日本の霊的な覚醒のために人々の前に出現することを予言したものである、と主張しました。

斎宮神法は、古代においてはひそかに斎王から斎王へと「姫事」として伝えられ、南北朝以降は民間に「秘事」として埋没してきたわけですが、それが二十世紀になって松浦彦操の『神典形象』によってその存在が知られるようになりました。そして今から二十数年前に筆者がはじめて具体的な折りの伝を一部公開し、今またこうしてより間口《まぐち》の広い本を著しているのも、やはりこの日女庫伝説のことが脳裏にあったからです。

現代において、古代の斎王が課されたような厳しい斎戒生活をなすことは現実的ではありません。

しかし、第七章で紹介する霊験神折符を修される場合は、最低限の慎みをもって、自分は天地主宰神の一霊をうけた小宇宙であるという自覚のもとに修して頂きたいと思います。

そういう姿勢で修することで、一霊の曇りや穢れもおのずから晴れゆき、やがて斎宮神法の神髄を体感されることと確信しております。

第五章

折りと気づき

◆発想法に結びつく折りの基本

世の中にはさまざまな発想法や問題解決の技法に関する本やセミナーがありますが、実は斎宮神法の折りの基本の中には、その重要なヒントがいくつも隠されています。そのうちのいくつかを紹介しましょう。

一般的な折紙にせよ、斎宮神法の折りにしても、めったやたらに折っていくものではありません。折る以前において、その紙の中心を見定めることが大切です。特殊な折りを除いては、その中心の点に折り線が通るか、そこに紙の角、あるいは辺が接することが多いからです。

一枚の紙は一個の宇宙です。その中心にあって一切を主宰する存在、古神道的にいえば、天之御中主神《あめのみなかぬしのかみ》を意識することが大切です。これは人間でいえば、身中にある一霊を意識しなければならないということです。また生き方としては、その生き方の中心となることを見いだすことが大切だということになります。

これは、発想法的にいえば、なんらかの問題を解決しようとするにあたって、まず、その問題の中心を考える、問題点を考えるということです。枝葉末節《しようまつせつ》なことにとらわれず、問題の本質を見抜く力が大切であるということです。樹木の枝葉を切り離して、その中心に立つ幹をどうするかということを考えることが肝心なのです。

例えば、お金が欲しいと思う。しかし、お金がない。この場合、人はお金がないことが問題だと思いがちなのですが、必ずしもそうではありません。美術館に行きたいがお金がない。デートしたいが、ご馳走するだけのお金がない。家を買いたいがそれだけのお金がないなど、実はいろいろなのです。

美術館の入館料くらいでしたら、情報網を張りめぐらせば、ハガキ一枚で入場券を無料で入手する方法もあり、必ずしもお金が必要ではありません。またデートもそれが楽しいものであれば、必ずしも高い食事代を用意しなければならないというものではありません。愛情のこもった工夫こそが大切です。

家を買いたいという場合にも、その家がなんのためにいま必要かということを考える必要があります。親と住むため、結婚してパートナーと住むため、あるいは人によっては単に見栄《みえ》だけで買いたいと思う人もいるようです。しかし、そうした家が本当に必要かとよくよく考えることが大切です。つまり、まずは紙の中心を見いだすように、問題の中心となっていることを見いだすことが大切なのです。

また一枚の紙を二つ折りにすることは折紙の初歩です。紙を天地一切を示すものと考えるとき、上辺は天、下辺は地です。そして折りの基本は、下から上に折りあげていくことです。つまり、地を天に合わせるのです。

これは発想法的には、天という至純なものに、地という混濁したものを合わせようとするのですから、一つの考え方としては複雑なものを簡易なものに表して考えてみるということになります。つまり子供に百たす百はといってすぐに答えられなくても、一たす一はとすれば、わかりやすいようなものです。大を小に、難を易に、抽象を具体に、というように置き換えてみるのです。

あるいは理想の形をまず想像し、それにはどのようなものが足りないか、あるいはそれに近づくにはどうしたらよいかと考える。たとえば、ただ漠然といい生活をしたいというのではなく、自分が本当に望む理想の生活をまず思い描き、それに近づくためにはどうしたらよいかということを考えるのです。

こうしたことは、折る過程において各人が個々に悟るべきことですので、あまり書きすぎますとそれが先入観となりかえってよくないのですが、もう一つ例をあげておきましょう。

一枚の紙の角と角を合わせて折りますと、三角形ができます。つまり角と角を結ぶことで、一つのものが、三角形を形作ります。

古神道においては、天之御中主神が鳴り響くことによって、そこに高御《たかみ》産霊神《むすびのかみ》、神《かみ》産霊神《むすびのかみ》という産霊《むすび》の神が発現し、一切のものが、産霊《むすび》だされる根源になったとしています。つまり、この三角形は造化三神を表し、またミムスビを意味します。男と女が結ばれて、そこに新しい生命が生まれるように、あるものと、あるものを結ぶことで、そこに新しいものが生まれます。

私たちが日常的に用いているものでも、鉛筆に消しゴムをつけたもの、懐中電灯にラジオをつけたもの、携帯電話にカメラを付けたもの、さらにコンピューター的機能を付けたものなど、あるものとあるものを結びつけることによって、新しいものが次から次へと生まれます。

人の生き方としては、ムスビということの大切さです。変な人とか、変な宗教などと一度ムスビを作ってしまいますと、あとがなかなか大変です。よいムスビを作るようにふだんから心がけることが必要なのです。

このように、完成する前の折りにも一つ一つ意味があるのです。自らに関係することに置き換えて、いろいろと鎮魂、観想してみてください。きっと面白い発見があることでしょう。

◆供物敷折りの持つ意味

折りはあまり説明しすぎると、自分で折って瞑想する場合のさまたげになると書きましたが、まったく説明がないというのも、あまりにとっかかりがなく、頼りなく思われる人もいると思いますので、一番簡単な折りで、簡単に説明しておきましょう。

もっともこれも私にはそのように感じられるということで、人によってはもっと深い真理を見いだすこともできると思いますので、あくまで一つの見方であり、これでなければならないなどとは、考えないでください。

折りの中でも一番簡単で、一折りで作られる折りがあります。それは、供物敷《くもつしき》の折りです。供物敷の折りは、神饌《しんせん》（神への供物にする飲食物の総称）の下に敷く、折った紙です。半紙を縦において、その下の左の角を上の右の角に合わせて、単に二つ折りにしただけのものですが、斎宮神法では、こうした簡単なものにおいても、それぞれ玄意を有していると考えています。

折りというものは、それを見る場合において、それ自身を主体として見ますので、こちら側からみれば、紙が右上になっていますが、折り自体からみれば、左が上になっています。

古神道においては、左は霊を意味し、右は体を意味しています。神様に供物を捧げる気持ちとしては、霊を主とし、体を従として、捧げまつるということとなります。形だけを整えても、それを献ずる人に真心がなくてはならず、真心をもって捧げることにより、神はその供物を受け入れてくれるのです。

また左は大なるものであり、右は小なるものです。一枚の紙から見る場合、右にある小なるものは、左にある大なるものの下にあるのがこの折りです。つまり下にある小宇宙としての自らの存在が、上にある大宇宙としての存在の下にあり、自らが大いなる神に帰依し奉っているという気持ちを表し、供物を捧げるというのがこの折りなのです。

だからこそ、神がその心をよしとして、うまらに供物をお召し上がりになり、祈りを聞いてくださるというわけなのです。

次頁に供物敷の折り方を図で説明します。

この折りは半紙を用いますが、つるつるした面が表、ざらざらした面が裏になります。図解では、便宜上、表はグレー、裏は白で表示しています（以下、すべての折りは、表はグレー、裏は白で表記しています）。

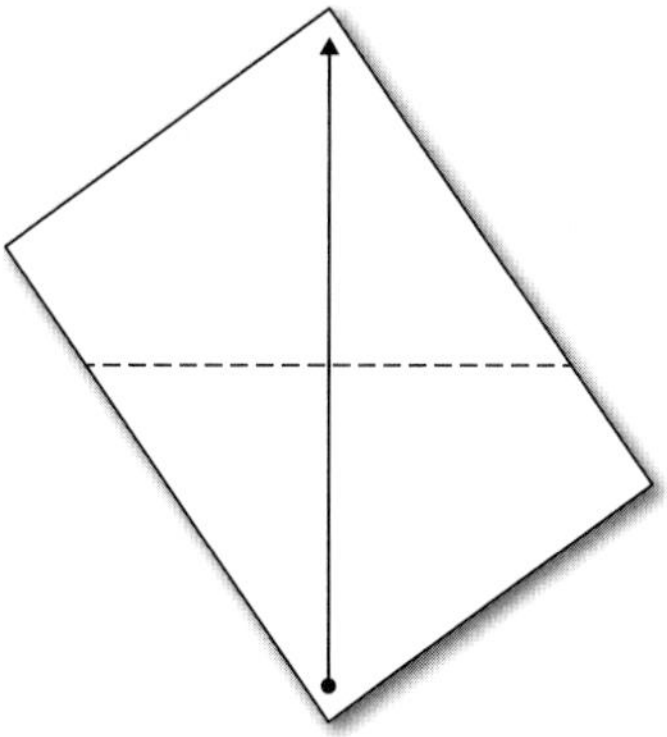

①角を揃えて折り上げる

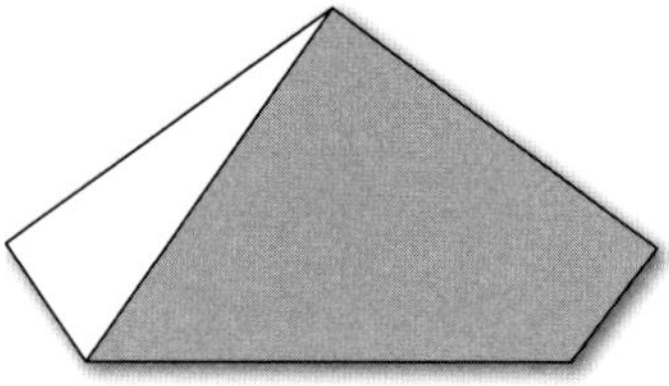

②出来上がり

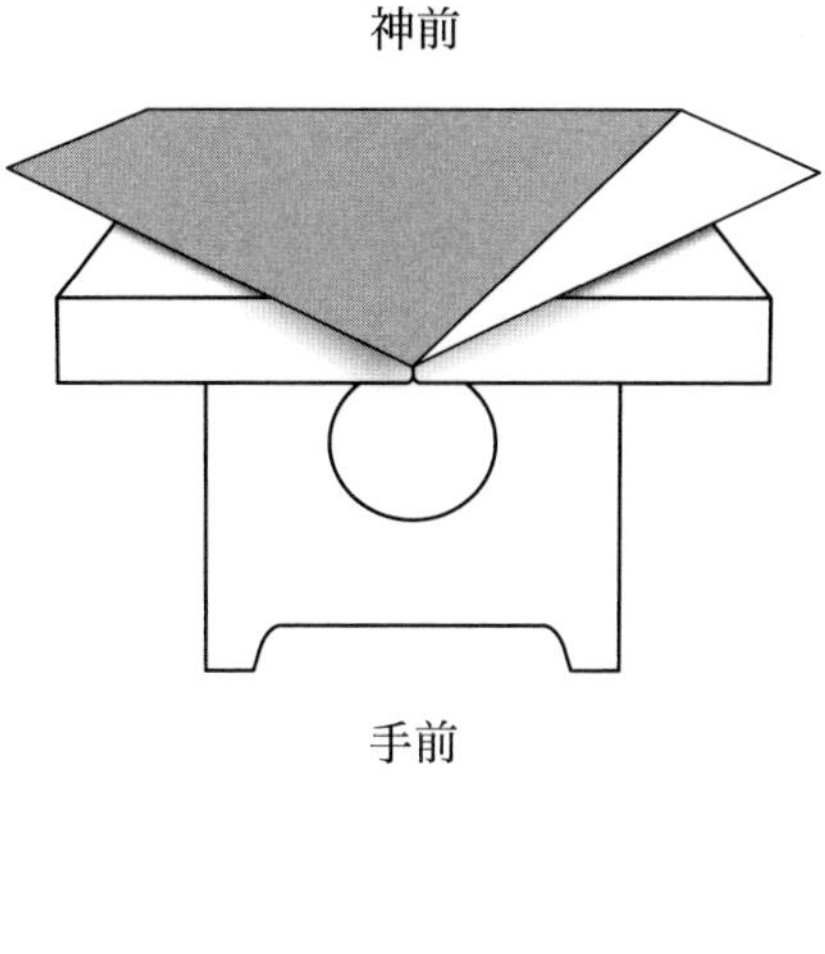

③三方に載せる

◆水引の伝

本書は折りを中心に書いていますが、包みなどは、その上を水引《みずひき》などで結ぶことになっています。参考のために水引についても少し触れておきましょう。

水引はもともとは、麻などを水に浸してその皮を剥ぐことをいいましたが、後に転じて麻糸《あさいと》をさすようになりました。現在では進物を包んだ上から結ぶのに用いる細いこよりに、水糊《みずのり》を引いて乾《ほ》し固めた紙糸のことをいいます。多くは数条を合わせて、中央から染めわけたもので、通常、吉事には紅白、金銀、金赤などを用い、凶事には白、藍白《あいじろ》、黒白等を用いています。

松浦家伝では「みづひき」とは「神の稜威《みいつ》を引き受ける」という言葉の約語と伝えられています。神道の考え方では、稜威の根源は天御中主神であり、その働きは高御産霊神、神産霊神二柱の神によって表現され、その両極性の産霊の神のムスビ、ムスビナス神力によって、万生万有《ばんせいばんゆう》が生成化育《せいせいかいく》されていきます。

ですから紅白の水引を見ますと、その中心を金で巻いて天御中主神を象徴し、その左右の紅白はそれぞれ高御産霊神、神産霊神を表しています。あらゆるものは産霊の働きによって生成し、化育するわけで、他人に品物を贈るに当たってそれを水引で結ぶのは「こうしたものであってもすべては神の稜威の結晶でありますから、神恩に感謝し、それに報いるつもりで御活動下さい」という意味があるのだといいます。

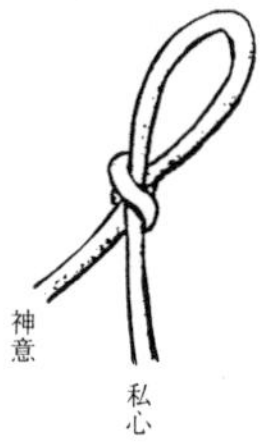

かたわな結び

水引の結び方も「ほん結び」「もろわな結び」「あいおい結び」などさまざまで、それぞれに独自の玄意がありますが、ここでは神事に関連する「かたわな結び」について説明しましょう。

神前に供え、用足りてさげたもの（撤下品《てつかひん》）を下げ賜う場合は、必ずかたわな結びを用いるのが通例でした。この結びは片方の端を引けばますます固く結ばれ、もう一方を引くとほどけて結びがなくなるようになっています。これには次のような意味があります。

森羅万象、存在するものはすべて産霊紋理《むすびかため》によるもので、神のものでないものはありません。もし私心、私欲でそのような神のものを引きとろうとすれば、ただちにムスビが分解《と》けて空に帰します。

一方、私情、私欲なく、神意、神慮のままにマコトを尽くせば、すべてのものがムスビカタメられ、自らの得となり、徳となります。

『論語』にも「君子は道を謀《はか》りて、食を謀らず。耕すや餒《うえ》（食べ物）その中《うち》に在り、学ぶや禄《ろく》その中に在《あ》り。君子は道を憂《うれ》ひて食を憂へず」とあり、また『中庸』にも「大徳は必ずその位を得、必ずその禄を得、必ずその名を得、必ずその寿を得」という大真理を現す至言がありますが、この水引は無言のうちにその大玄律を、簡明率直に、しかも美しく伝えているのです。

❖ 中心の大切さを悟る折り「畳紙」

畳紙《たとう》の折りは、つねに中心を意識することで容易に折ることができます。呪術的な効果などはありませんが、折る練習のため、またどのようなことにおいても、その中核となっていることをみつける大事さを知るためにも、練習しておいて損はありません。らせん状模様のある色紙などで折りますと、とても美しいものが折れて、飾りにもなります。この折りは、正方形の紙で折ります。

四角形の畳紙

①折り線をつける

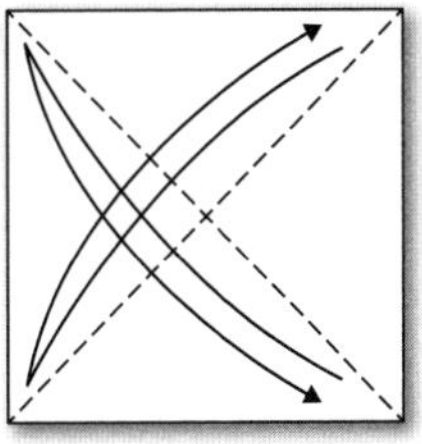

②中心点を超えた位置（任意）まで折り上げる

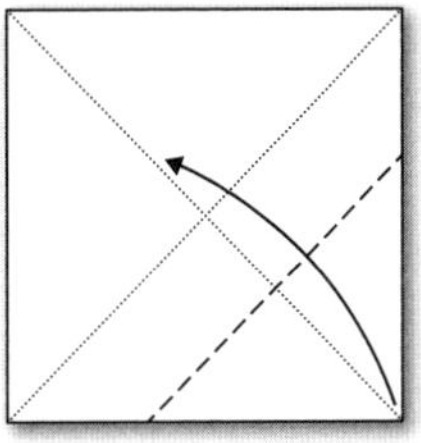

③下の折り線に合わせて折り上げる

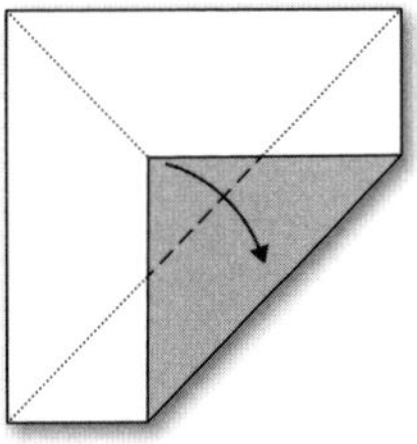

④角を矢印の位置まで折り上げる

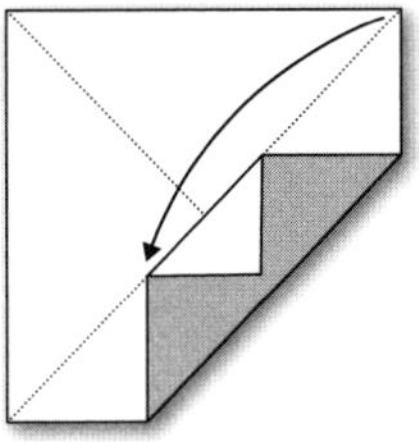

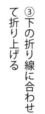

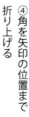

⑤折り線に合わせて折り上げる

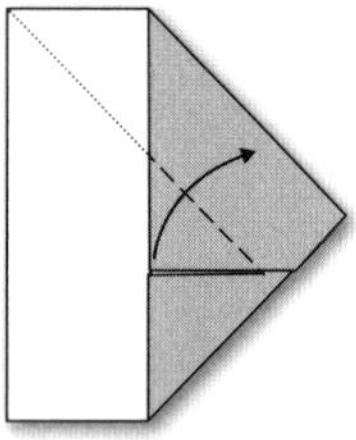

⑥角を矢印の位置まで折り上げ、④から⑤までと同様に折り線に合わせて折り上げる

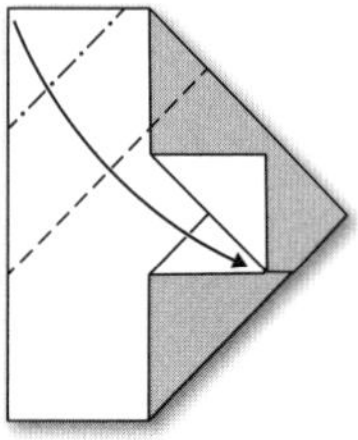

⑦角を矢印の位置まで折り上げ、さらに折り線に合わせて折り上げる

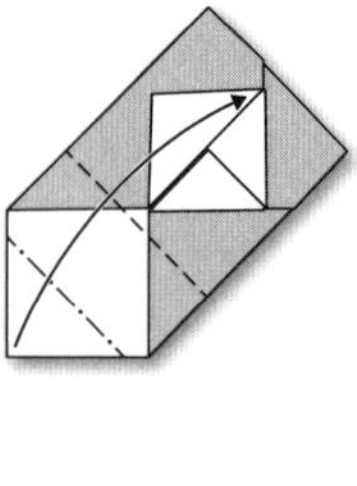

⑧一度戻す

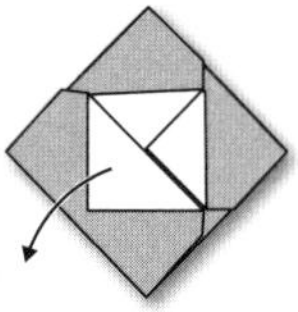

⑨少し引き出しながら

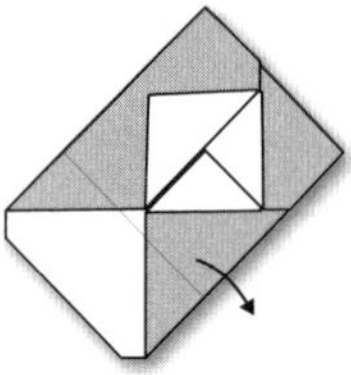

下に入れ込んで閉じる

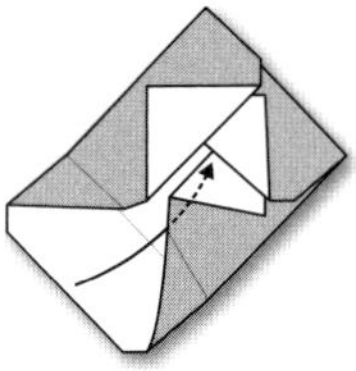

出来上がり

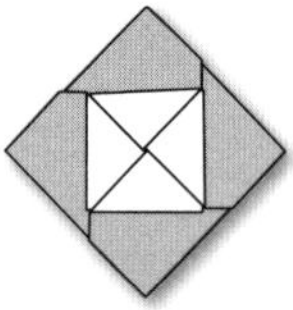

②の折り上げる位置によって形状は違ってきます。

八角形の畳紙

①折り線をつける

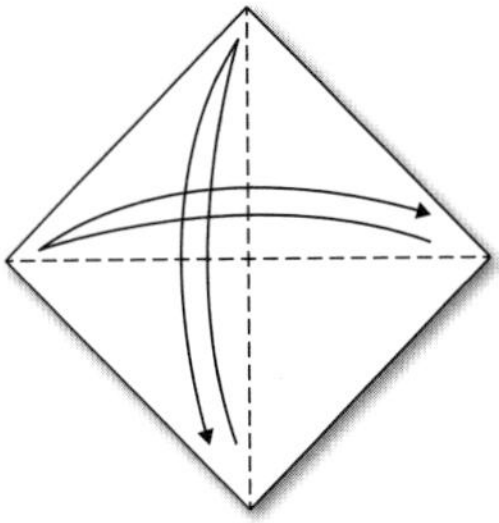

②角を折り線の位置まで折り上げる

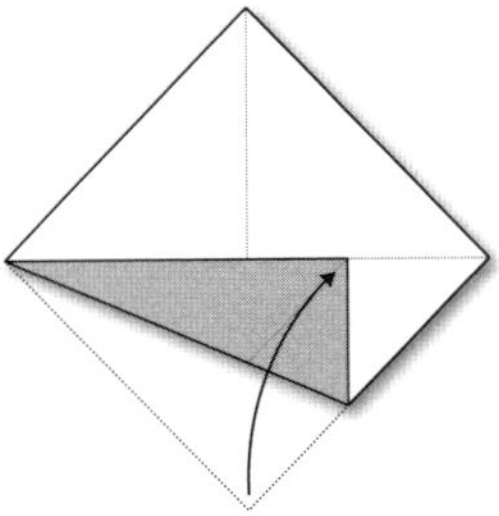

③②の折りを四角分、ならびに逆方向の四角分、計八角分を折り上げ、中央に八角形が浮かびあがるようにする

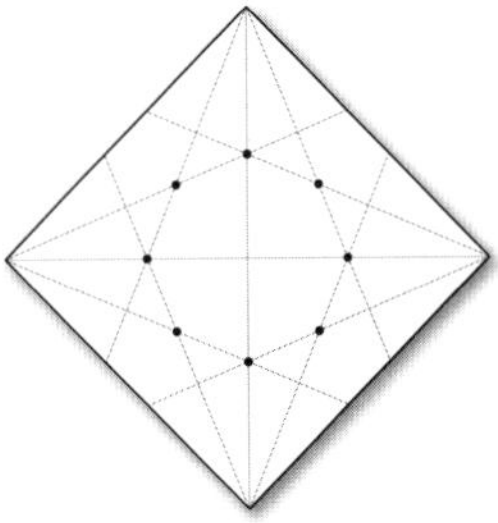

④②の状態に戻して、八角形のひとつの点を起点に袋折り

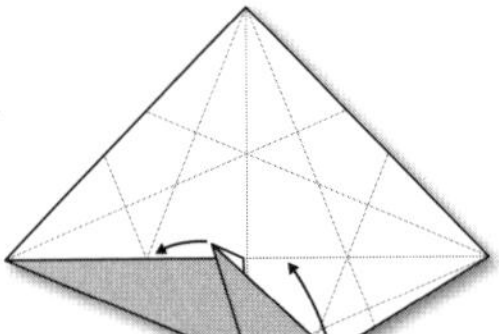

⑤時計回りに回しながら、八角形の各点を起点に袋折りしていく

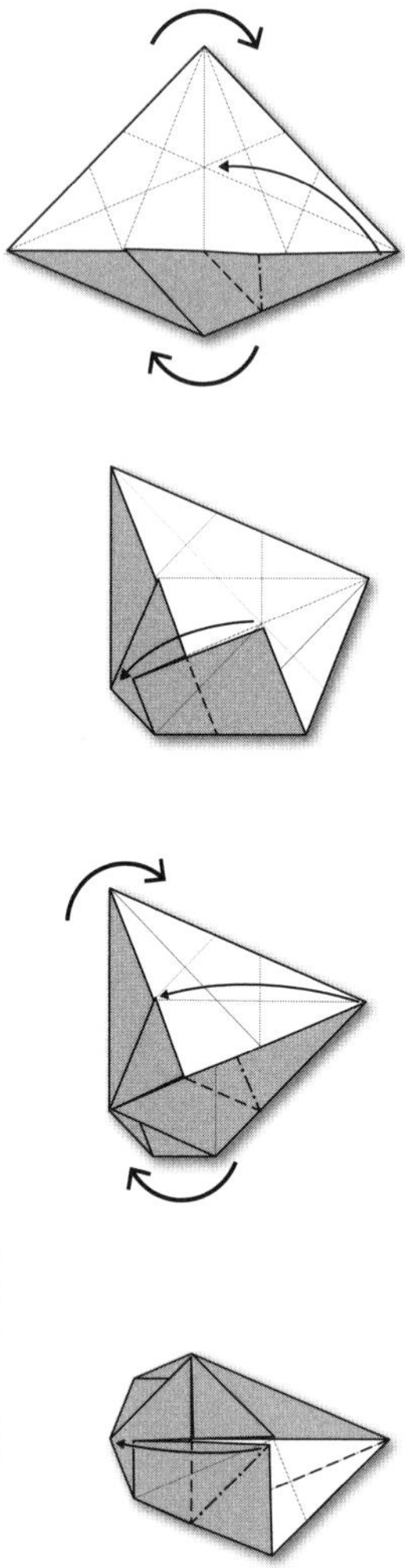

⑥三つの羽ができたところで、先に作った羽を少しほどいて折りやすくして、同じように折り込んでいく

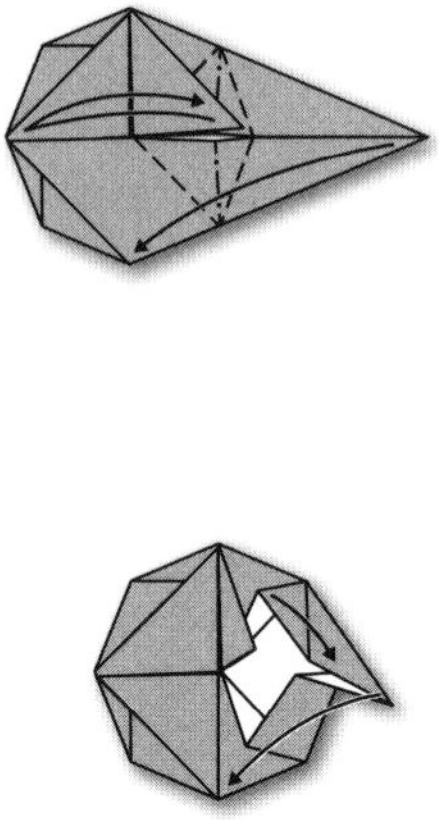

出来上がり

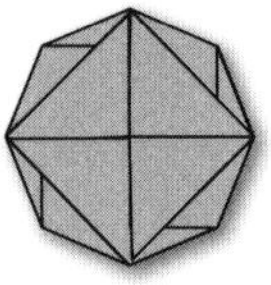

◆見取り

折紙もその折り方をすべて教えてもらえなくては折れないというのは少しなさけないものです。見取りといって、筆者の師は、一つの折り上がった折りを見るだけで、その折りの手順を見取り、それを折ることができました。師がその師匠に教わるときには、すべてではなかったらしいですが、折り上がった折りだけを与えられ、それをほどかずに、同じものを折るようにいわれたとのことでした。

筆者も少し練習するようにといわれたので、実行したこともありましたが、簡単なものはまだしも、少し複雑なものになるとなかなかできませんでした。考えてみると筆者の師は、万葉集四五三六首の歌を、すべて暗記しているというくらい記憶力がよい方でしたので、折りの基本からの展開を数多く覚えていて、そこから類推して折ることができたのかもしれません。

ここに示すのは、折りというほどのものでなく、正方形の折紙を二〜四折りしたものにとりあえず名称を付して、それを影絵的に示したものです。頭の体操のつもりで、同じかたちのものが二〜四折りで作れるかやってみて下さい。想像力とか発想の訓練になると思います。なお、これらの解答は本書には掲載しません。どうしてもおわかりにならない方は、出版元までお問い合わせください。

なお、「三山」と名付けて示した図は、過去に竹川《たけかわ》青良《せいりょう》という方が「富士山」という名称でその講習会で紹介していたと、知人から指摘されましたので記しておきます。

また呪術的な折りの一つである「辟障《へきしょう》符《ふ》」という折りの表、裏を示しておきます。これは半紙で折るのですが、比較的簡単で、筆者でもほどかなくとも折れましたので挑戦してみて下さい。この折りは「三剣之略符」ともよばれます。どうしても折り方がわからない方は一八一頁をご覧ください。

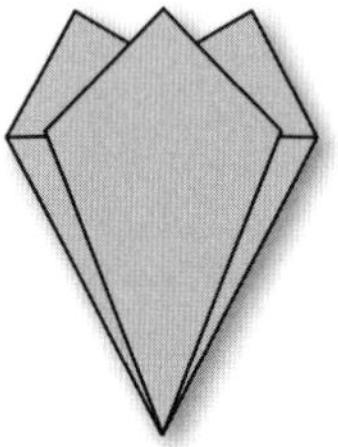

辟障符・表

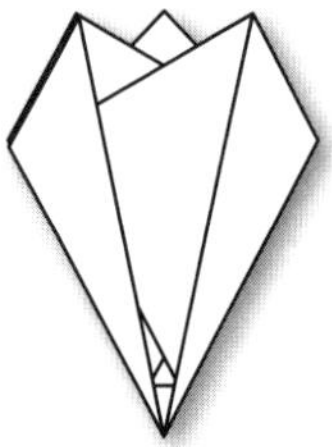

辟障符・裏

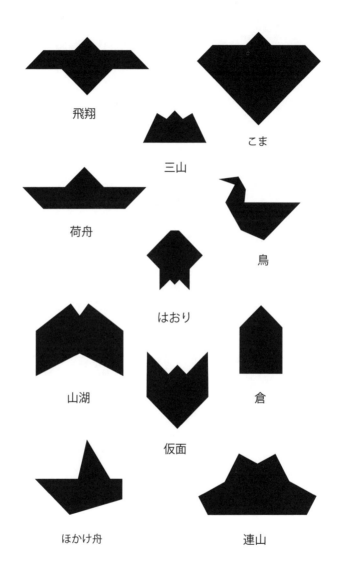

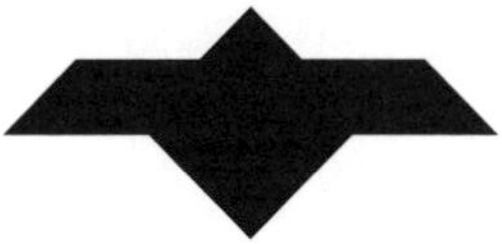

飛翔

こま

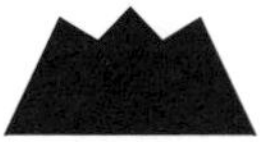

三山

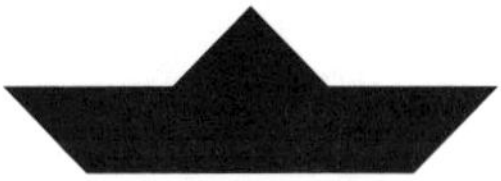

荷舟

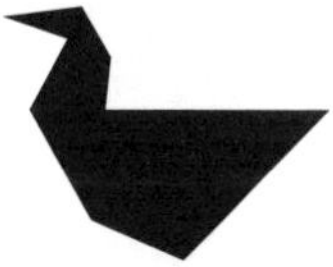

鳥

はおり

山湖

仮面

倉

ほかけ舟

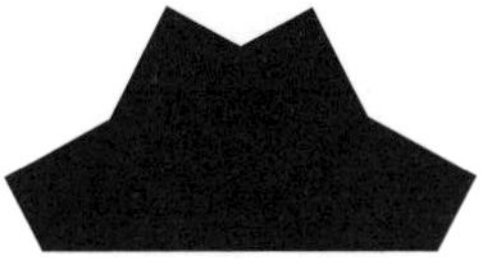

連山

○ついでに少し他の問題も出しておきますので、解いてみてください。こうした問題も一度考えておくと、折紙をしたり折符を謹製するための適当な大きさの長方形や正方形の紙がない場合でも、自分で作れるので便利です。

・次のような形を成していない紙から、コンパス、定規を用いず、長方形を作り出してください。

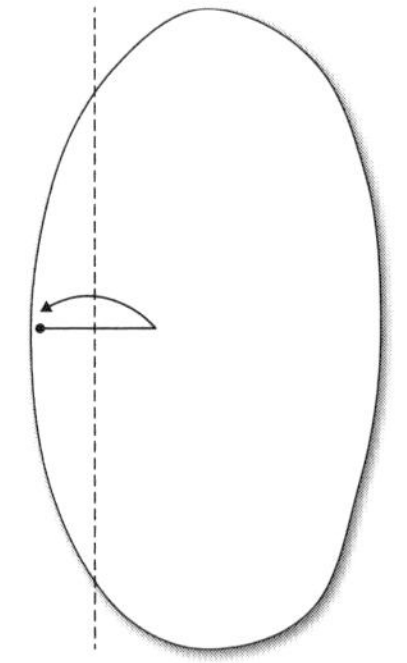

①適当な箇所を折り上げ、折り線をつける

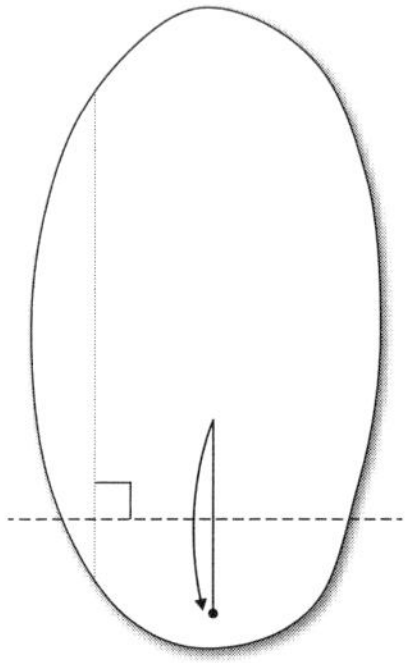

②その折り線に垂直になるように折り線をつける

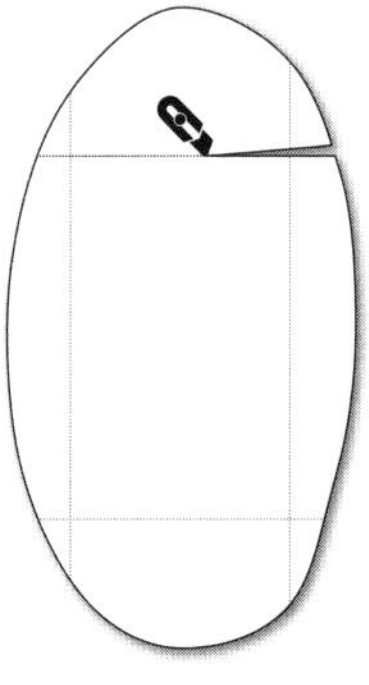

③その繰り返しで出来上がった長方形の形にカットする

・その長方形から正方形を作ってみましょう。

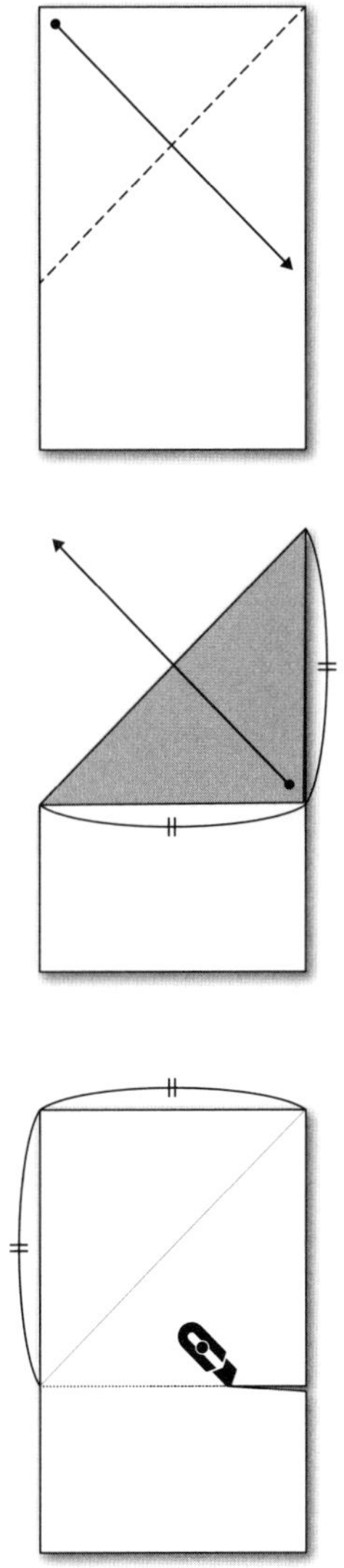

・同じ長方形から、長辺と短辺の比率が1：$\sqrt{2}$の比率の長方形を作ってみましょう（A4とかB5などという規格の紙がその比率です）。ご存知とは思いますが、正方形の

対角線は正方形の一辺を一とした場合、二の平方根（約一・四一）になっています。

短辺を１としたとき、
長辺が$\sqrt{2}$より長い場合

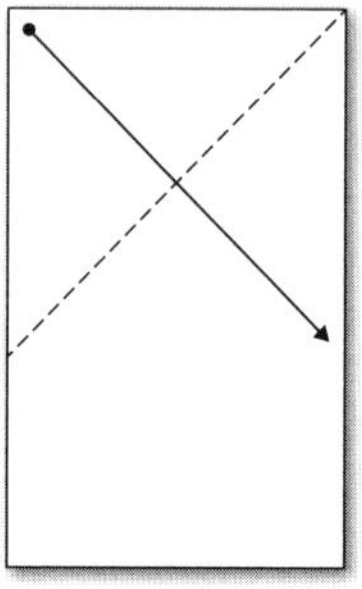

①角を折り上げる

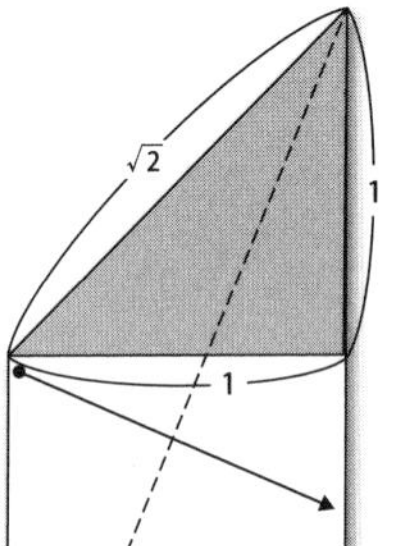

②矢印のように折り上げる

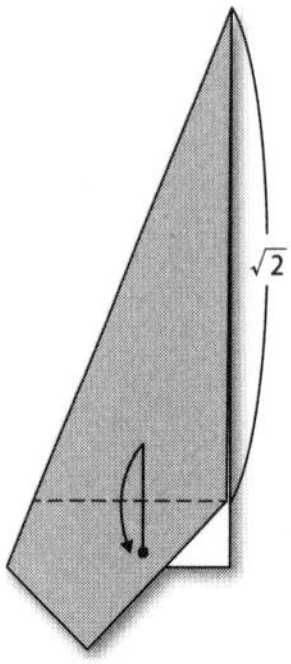

③折り線をつけて元に戻す

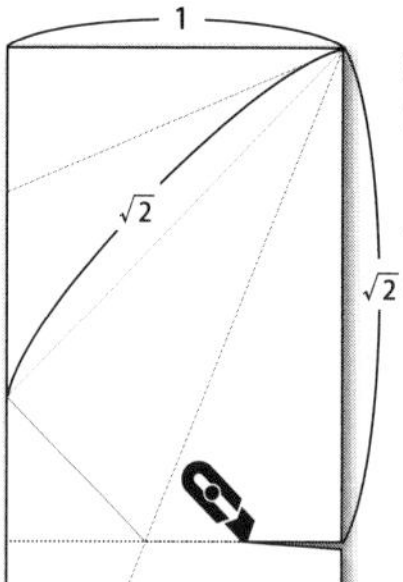

④カットする

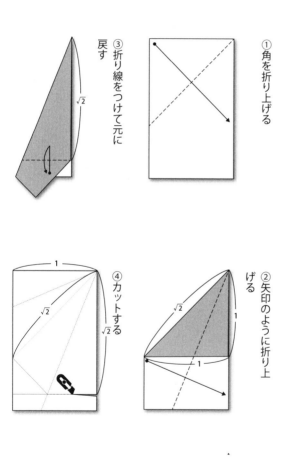

短辺を１としたとき、長辺が$\sqrt{2}$より短い場合

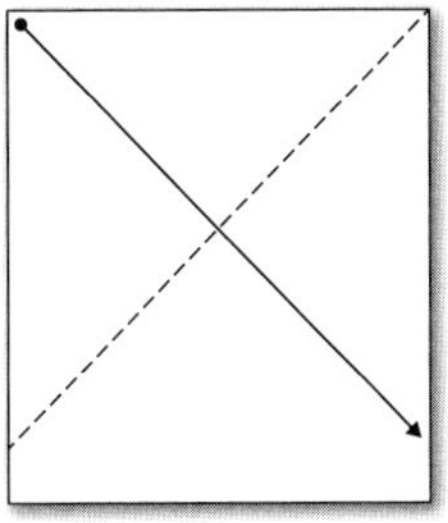

①角を折り上げる

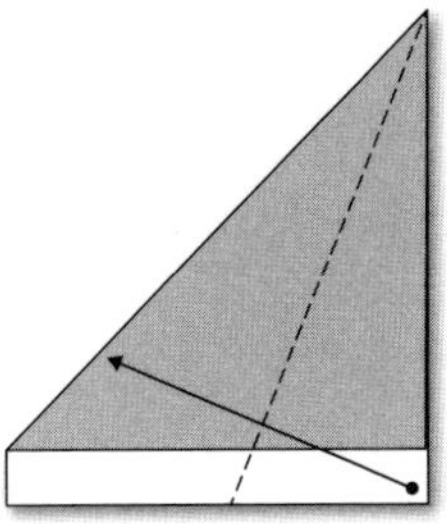

②矢印のように折り上げる

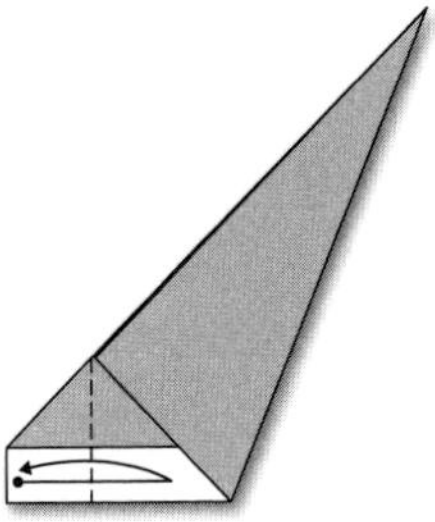

③折り線をつけて元に戻す

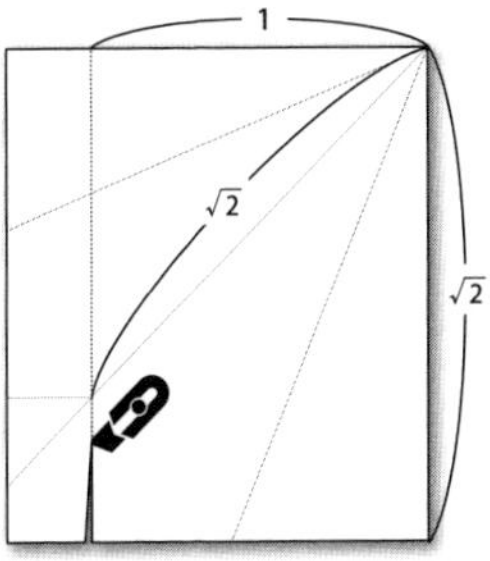

④カットする

あとで紹介する「霊験神折符」はこの比率の紙で折ると、紙の大きさが変わっても、同じ形ができるので便利です。なお、筆者の師匠の師匠は横幅が自分の指の十二本分の巾をもつ紙を用いて折っていたそうで、本来はその人その人の指の大きさにあわせた専用の紙で折るのが望ましいのです。

第六章

伝統折紙とまじない

身近な折紙のなかにも、世間に言い伝えられている「まじない」として使われている折紙があります。これらの折紙を折り、所持するだけでも、不思議な効能があると信じられているのです。

ここでは、「鶴」「蛙」「荷舟」「宝船」の四種類の折紙を紹介します。

市販されている折紙用紙を使って折るのも便利ですが、もちろん和紙を正方形に裁断して使用しても差し支えありません。

なお、「荷舟」と「宝船」は、最初に表を上にしてから折り始めます。

最初に、各種の折りを紹介する前に、次頁に折図を理解するうえでの基本的な約束事を示します。

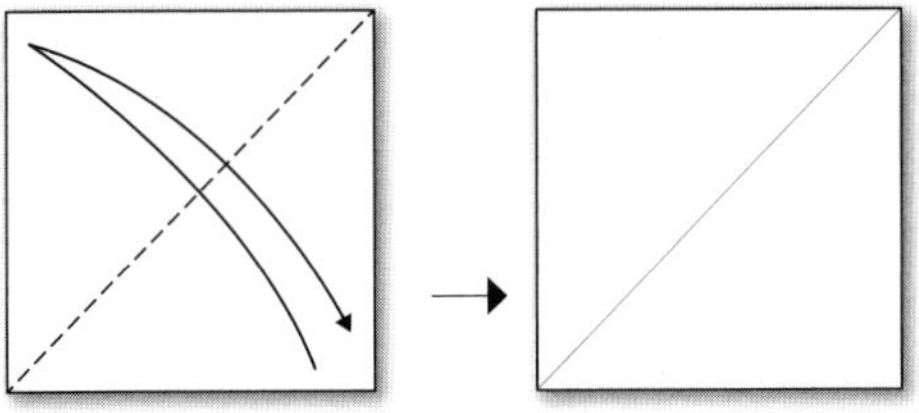

折り線をつける

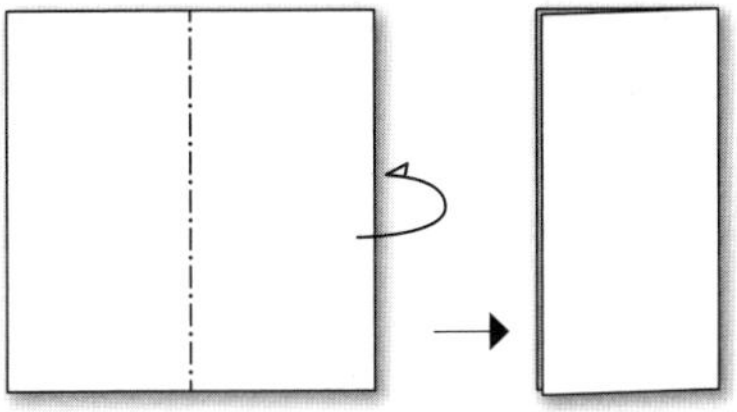

山折り

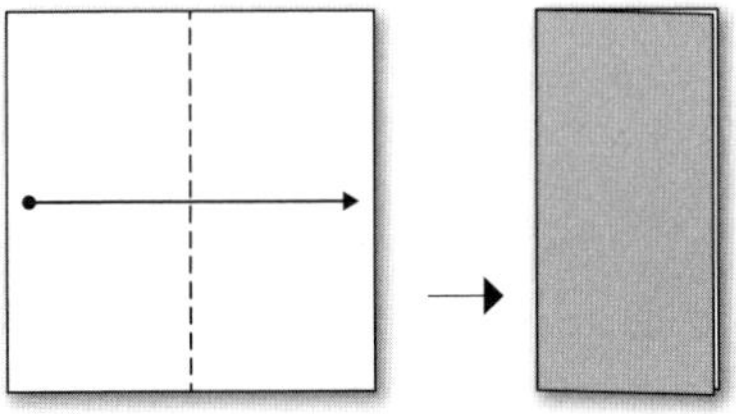

谷折り

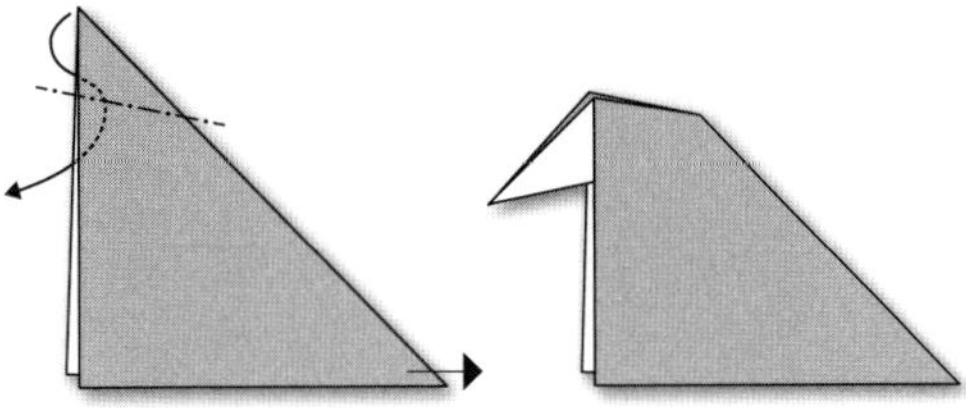

中割り折り

鶴

あなたの願いを叶える折紙です。鳥は天と地の間を風に乗って飛び回ります。古神道においては、祈念に際しては、天と地を行き交う風が自分の願いを天に伝えるとして、風神にその媒介をお願いします。風に乗る鳥を象徴する鶴の折紙も、その鶴があなたの願いを天に届けてくれることでしょう。願い事を紙の裏に書いて、ていねいに鶴を折り、それを机の上などにおいて置きましょう。

金運上昇の願いの場合は、金紙で折るといっそう効果があります。恋愛成就の場合は、相手が男性であれば白紙、女性であれば赤紙で折るとよいでしょう。

①上の角と下の角を合わせる

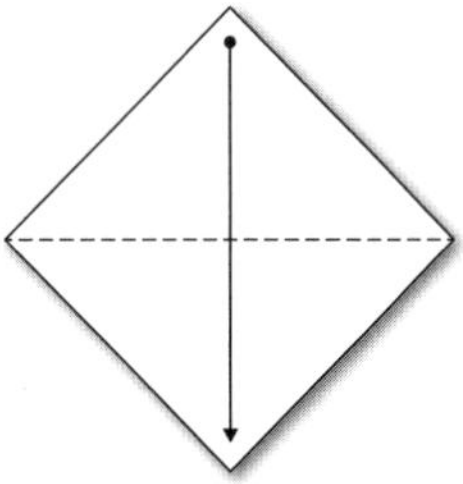

②右の角と左の角を合わせる

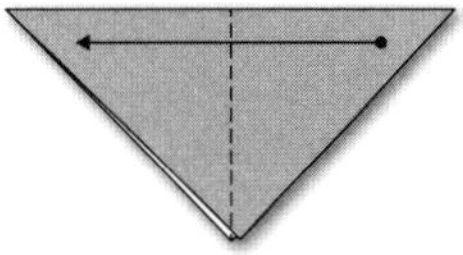

③内側をひろげてつぶすように折る

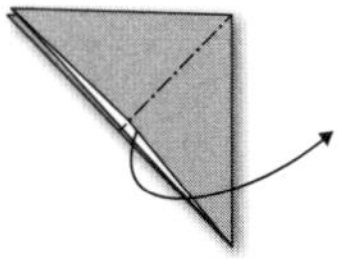

④裏返す

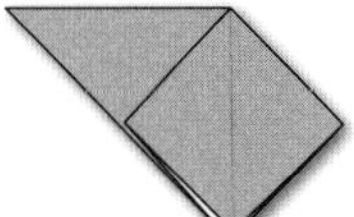

⑤内側をひろげてつぶすように折る

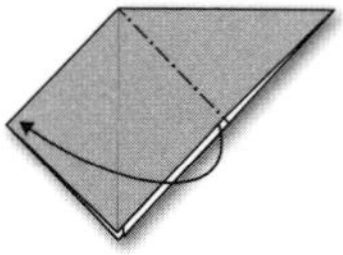

⑥真ん中で折り合わせて折り線をつける

画像拡大

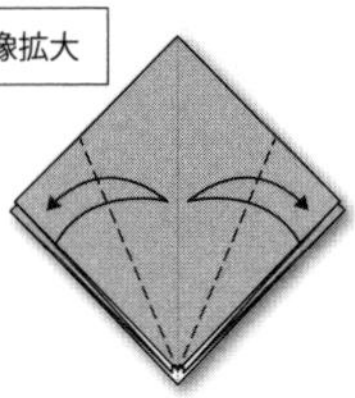

⑦内側をひろげてつぶすように折る

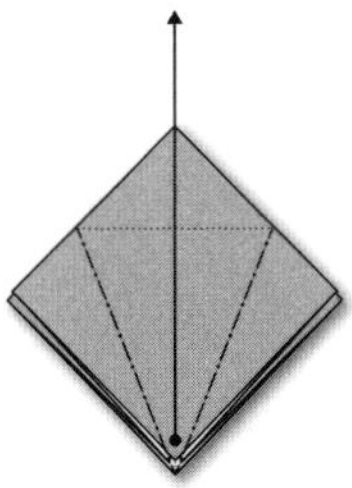

⑧裏側も同様にする

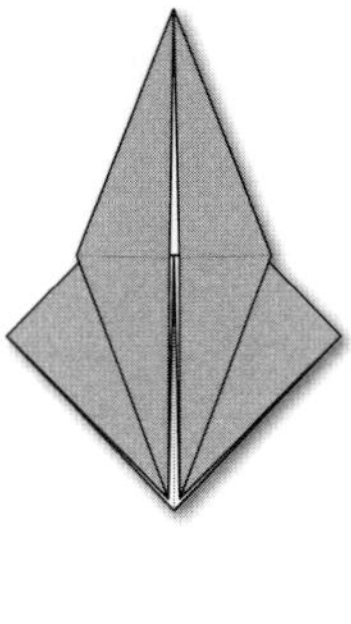

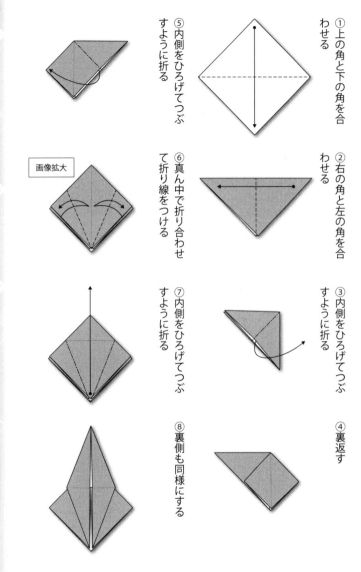

⑨真ん中で折り合わせる

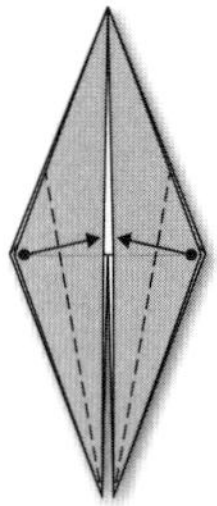

⑩裏側も同様にする

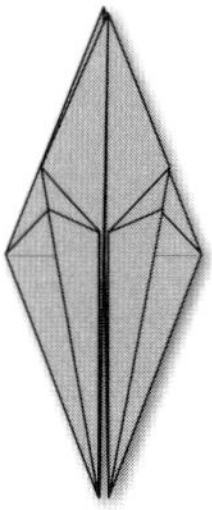

⑪両方の足を中割り折り

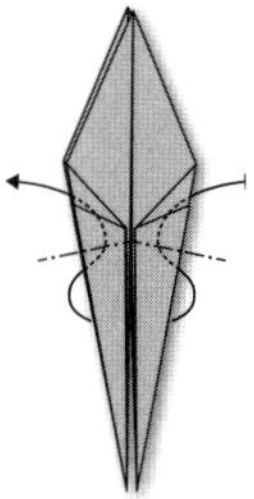

⑫片方を中割り折り

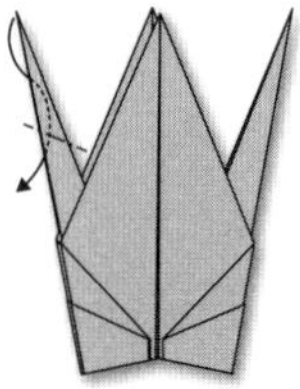

画像拡大

⑬羽をひろげて背中をふくらませる

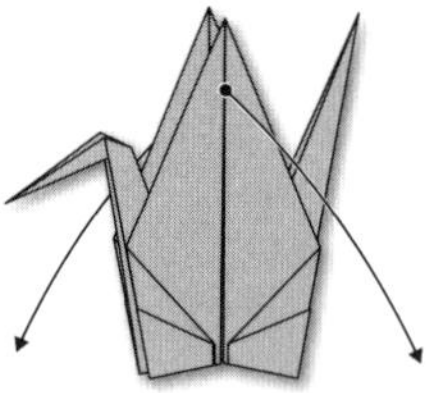

出来上がり

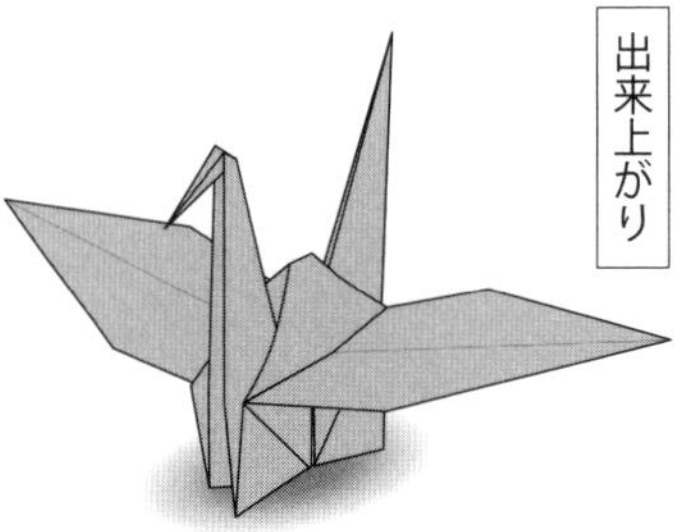

蛙

元の状態に返すための折紙です。観光地のおみやげ屋でも、神社などでも、よく蛙のグッズが置かれています。無事にカエルとか、元にカエルということで、旅行の安全とか、病気平癒に効果があると考えられています。旅の安全や病気平癒、人間関係の回復などを願うときには、その気持ちを籠《こ》めて、青い紙で蛙を折ってみましょう。その意外な効果に驚かれるはずです。

①上の角と下の角を合わせる

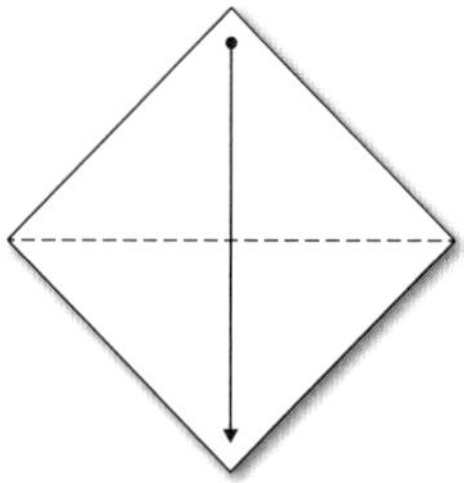

②右の角と左の角を合わせる

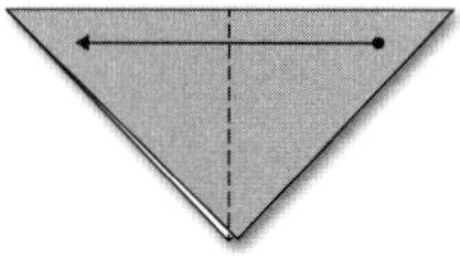

③内側をひろげてつぶすように折る

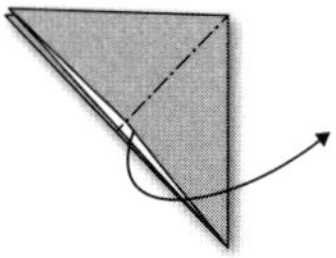

④裏返す

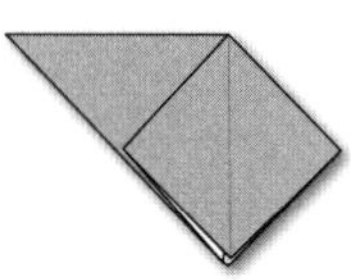

⑤内側をひろげてつぶすように折る

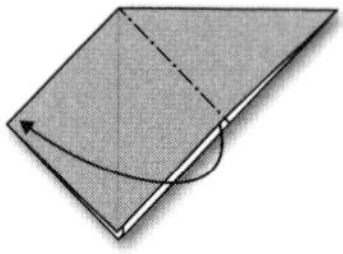

⑥上一枚を真ん中に合わせて折り線をつける

画像拡大

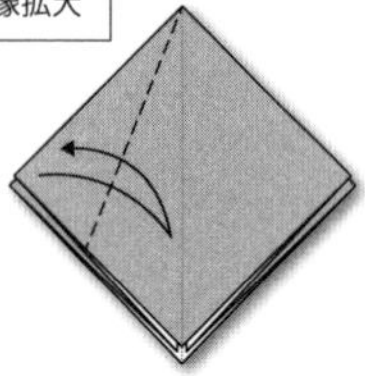

⑦袋折り

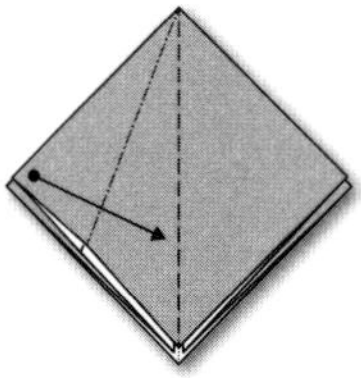

⑧他の三つの面も同様に折る

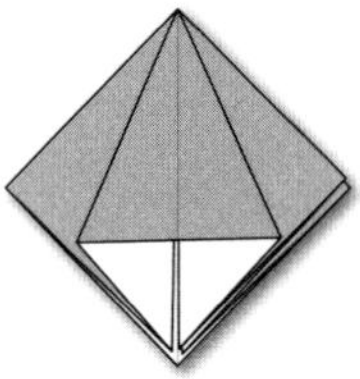

⑨真ん中に合わせて折り線をつける

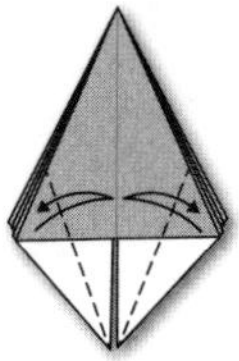

⑩袋折り

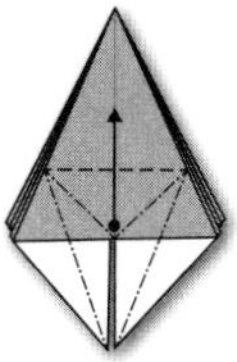

⑪他の三つの面も同様に折る

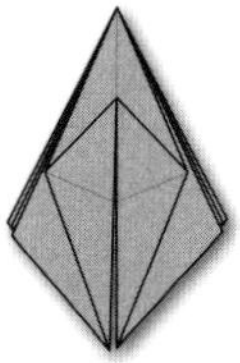

⑫上一枚を真ん中に合わせて折り込む

画像拡大

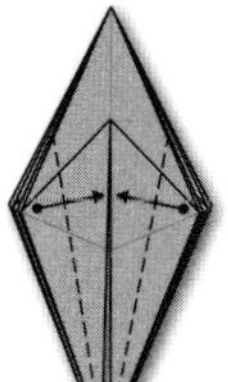

⑬他の三つの面も同様に折る

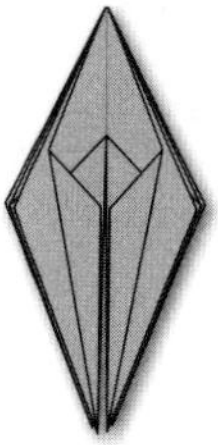

⑭手前の二つの足を中割り折り

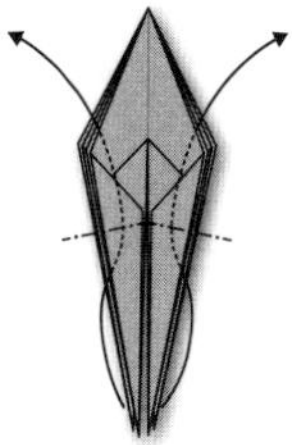

⑮さらに中割り折り

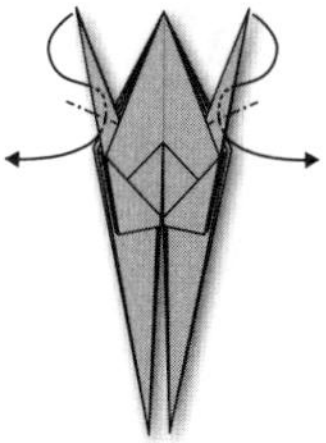

⑯上方向に中割り折り

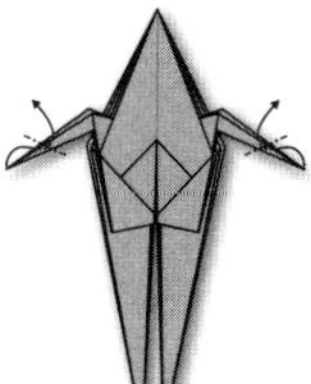

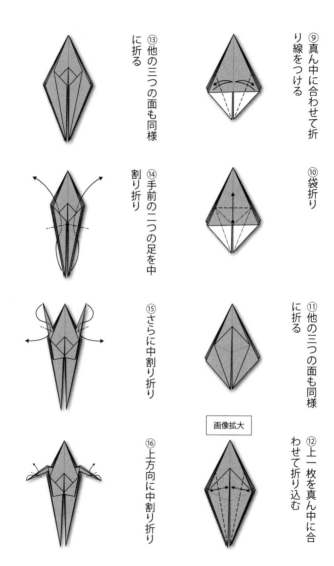

⑰裏返して手前の足を中割り折り

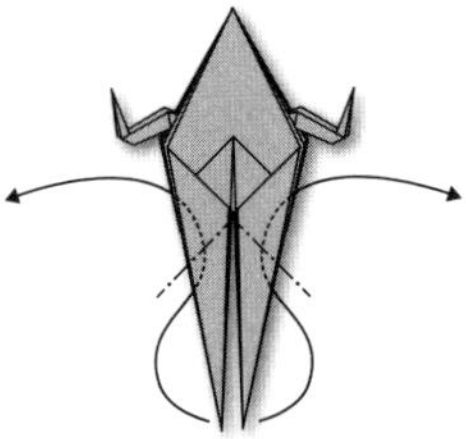

⑱さらに中割り折り

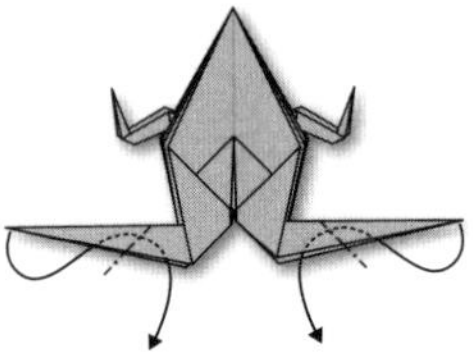

⑲中割り折り

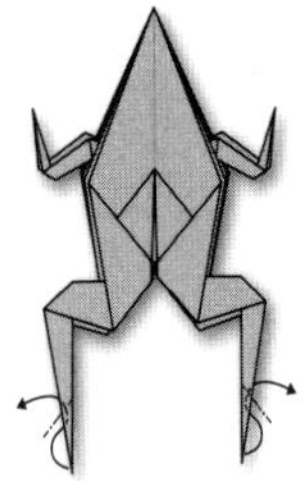

⑳中を引き出し立体感を出す

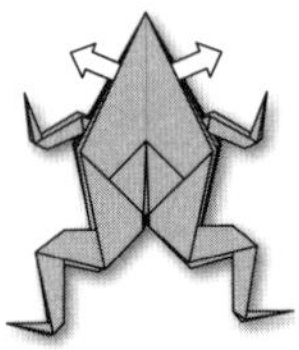

出来上がり

荷舟

災厄を捨て去るための折紙です。いろいろな問題が山積したり、嫌なことが起こりがちのとき、また一年間のさまざまな苦労を忘れ去りたいときなどに、この舟の折りは効果があります。舟にそうしたものをすべて載せて、大海原に押し流してしまおうというわけです。

一切のものがそれによって成り立っている五元（木、火、土、金、水）を表象する青、赤、黄、白、黒の五色の色紙で五つの舟を作り、それらを糸でつないで川、できれば海に流しましょう。

この折紙は、長辺と短辺の比率が1：$\sqrt{2}$の比率の長方形の紙を使用します。

①上辺と下辺を合わせる

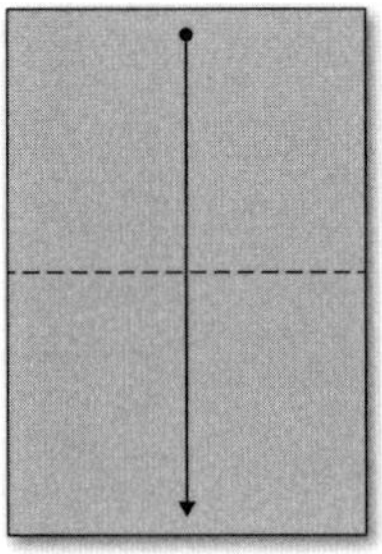

②折り線をつける

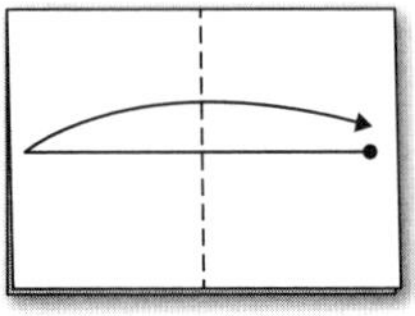

③左右とも折り合わす

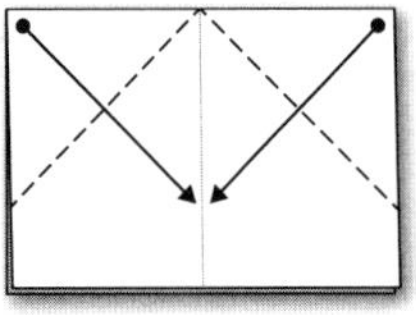

④上一枚を折り上げる

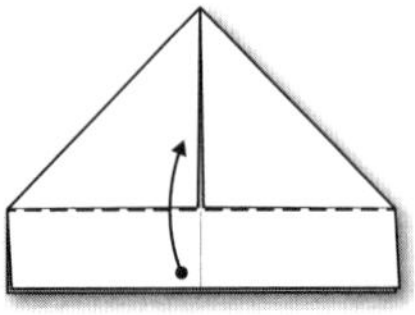

⑤下一枚を向こう側に折り上げる

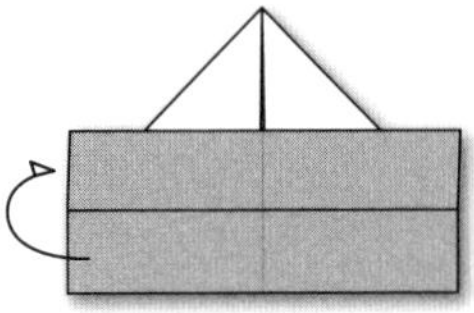

⑥下を開いていく

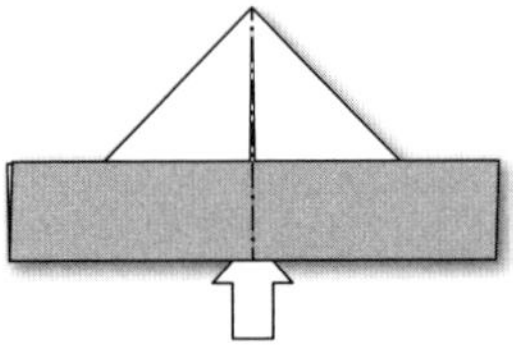

途中

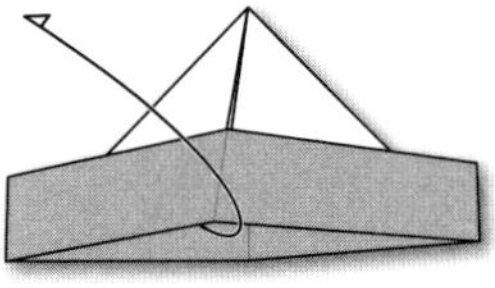

⑦上一枚を手前に、下一枚を向こうに折り上げる

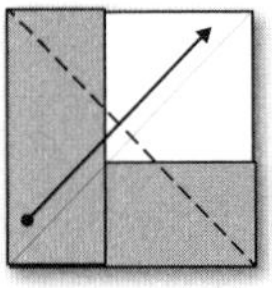

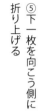

⑧下を開いていく

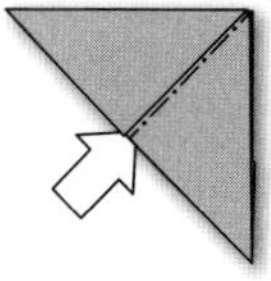

途中

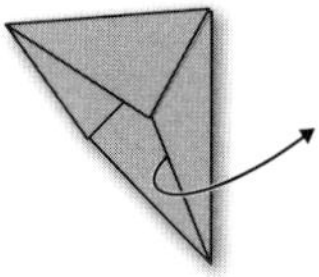

⑨左右の三角の部分を両方に引っ張って開いていく

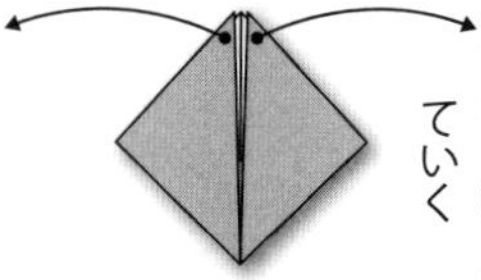

途中

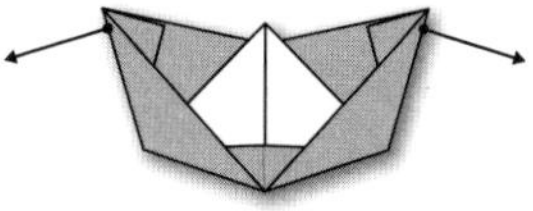

出来上がり

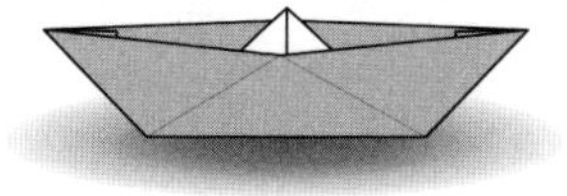

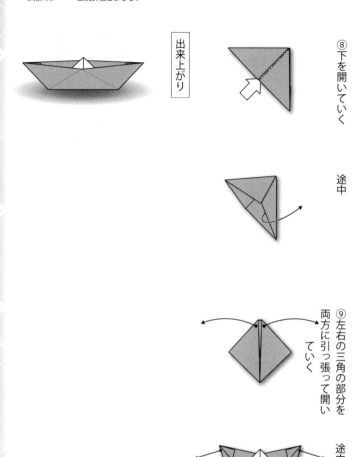

宝船

金運アップに効果的です。宝船とは七福神が金銀、珊瑚、宝石、宝物と共に乗っている船です。金運を招く、あるいは吉祥、福寿を招く縁起ものとして、置物などが売られていますが、わざわざ置物を買うまでもありません。自分で心をこめて金色か黄色の紙でていねいに折って、机の上などにも置いておきましょう。

①折り線をつける

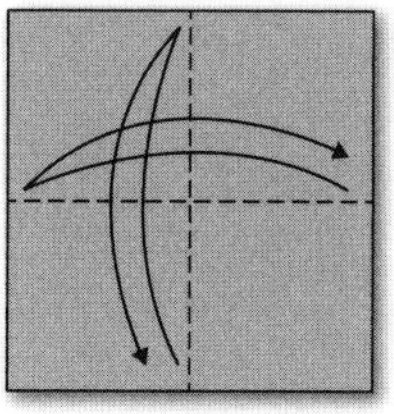

②四隅を中心に折り込

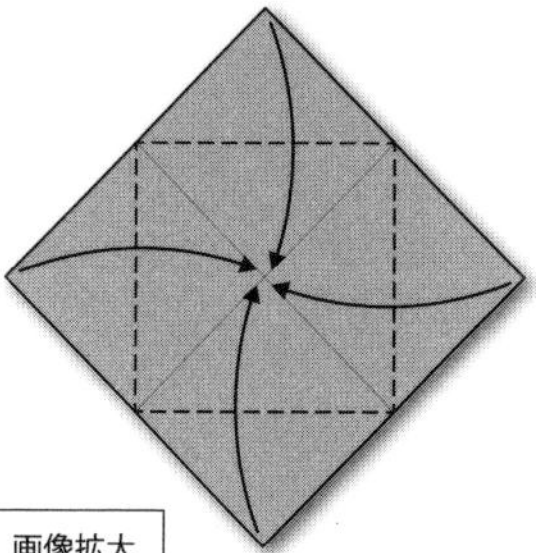

画像拡大

③真ん中で折り合わす

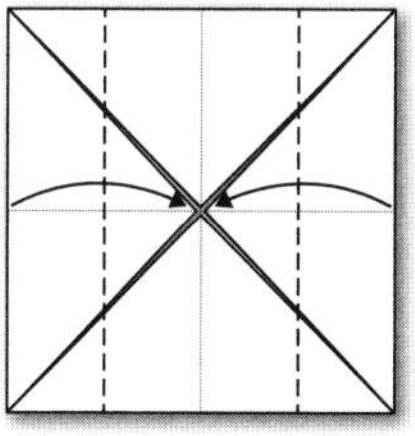

④折り線をつける

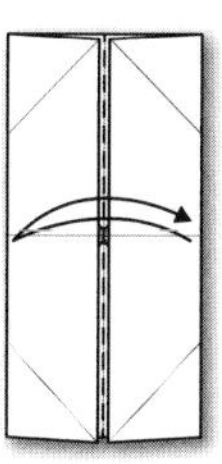

画像拡大

⑤順次、折り線をつける

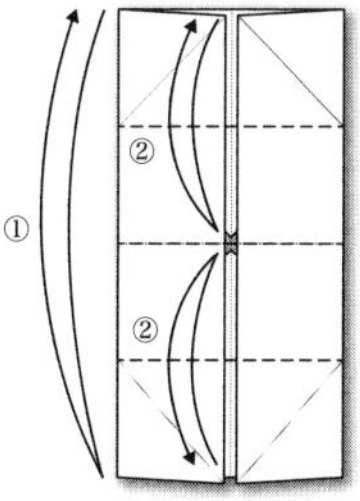

⑥折り線を使って袋折り

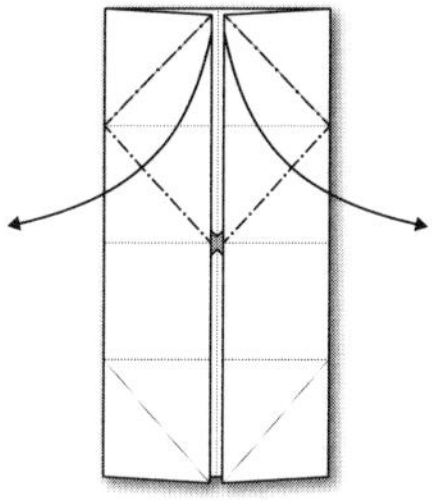

⑦袋折り（途中）

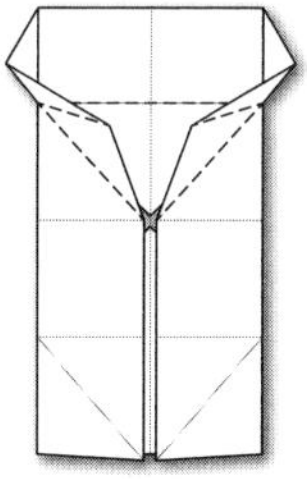

⑧下側も同様にする

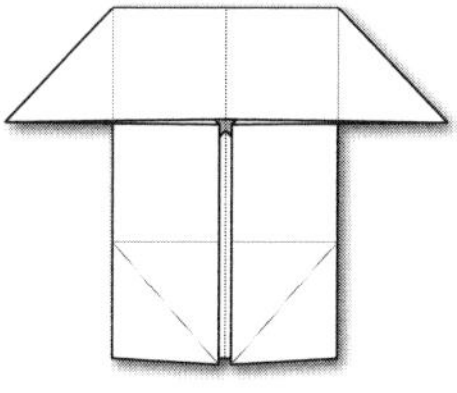

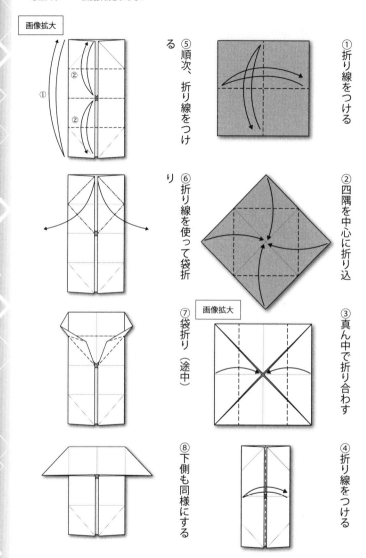

⑨裏返す

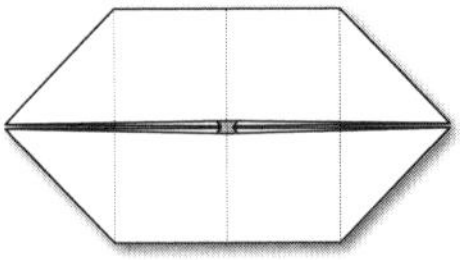

⑩真ん中の線に折り合わせる

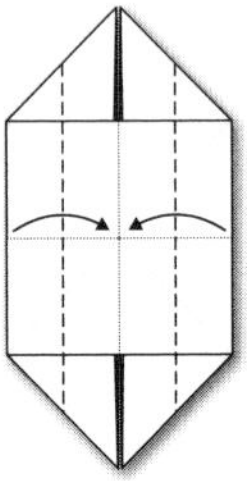

⑪裏返す

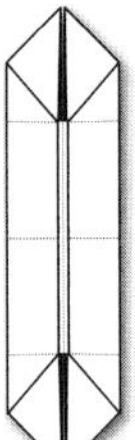

⑫内側をひろげてつぶすように折る

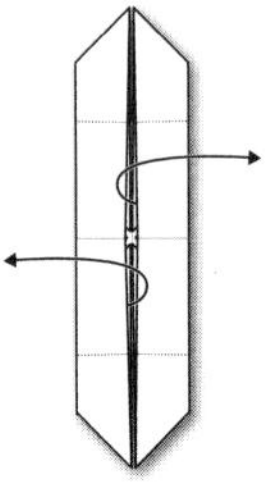

途中

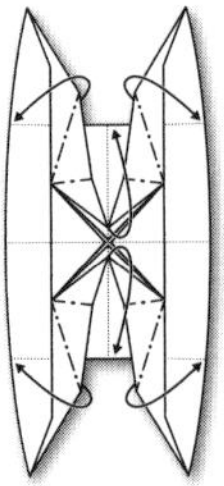

⑬折り込まれている箇所をひろげていく

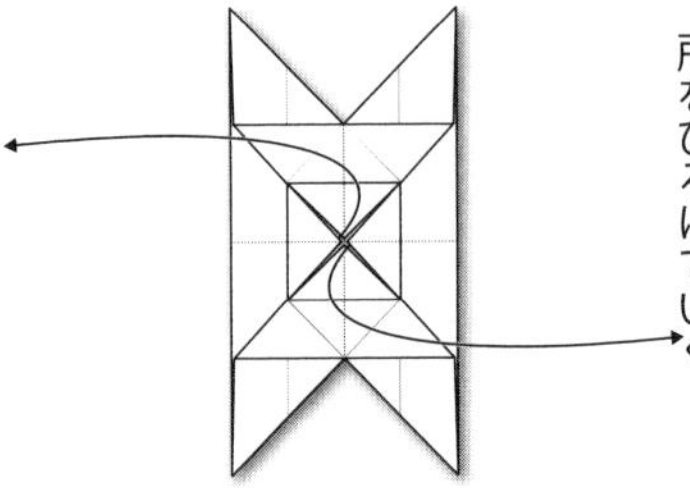

画像縮小

⑭裏返す

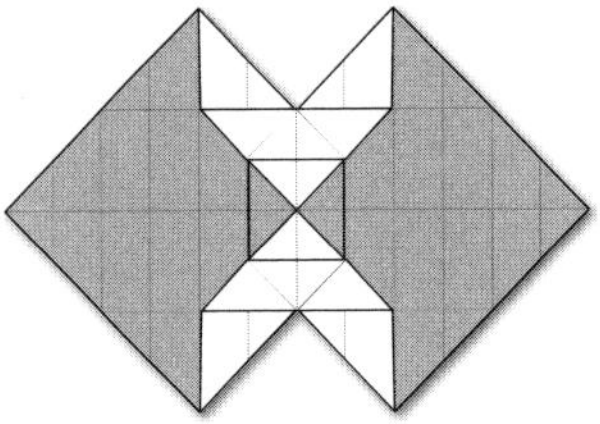

⑮真ん中に合わせて折り合わす

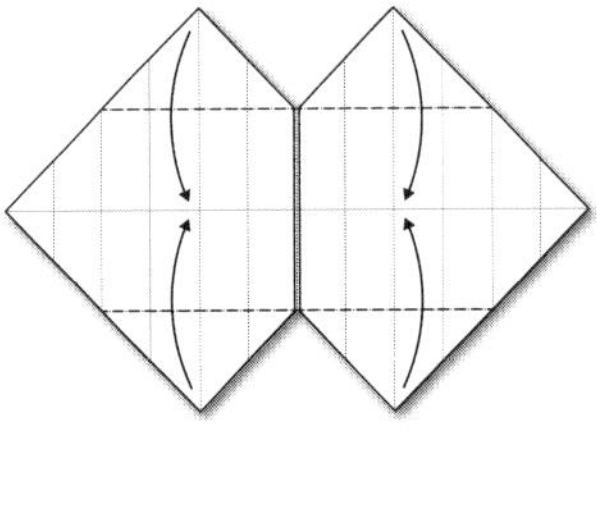

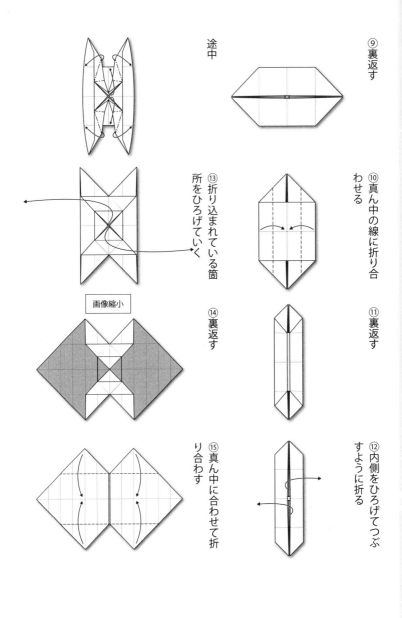

⑯折り上げる

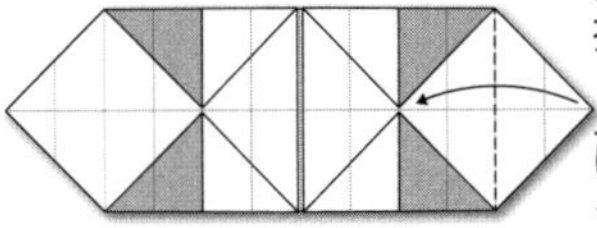

⑰折り上げる

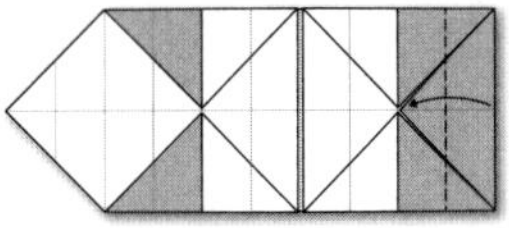

⑱両方とも矢印のように折り上げる

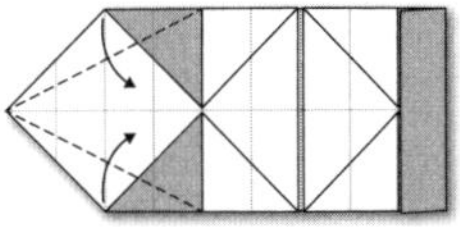

⑲折り上げる

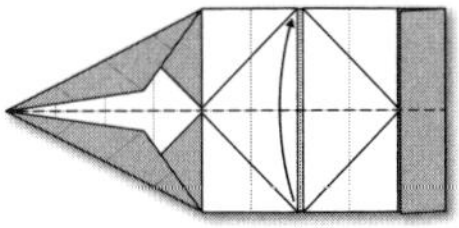

⑳両端を引き出し立体感を出す

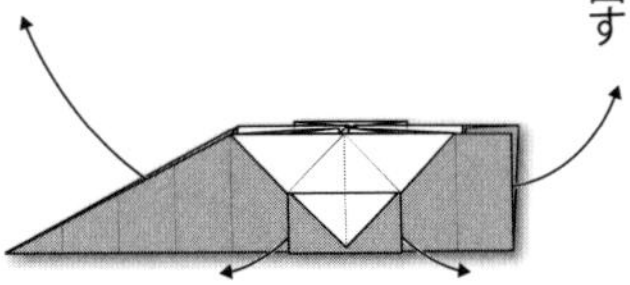

㉑少ししぼっていく

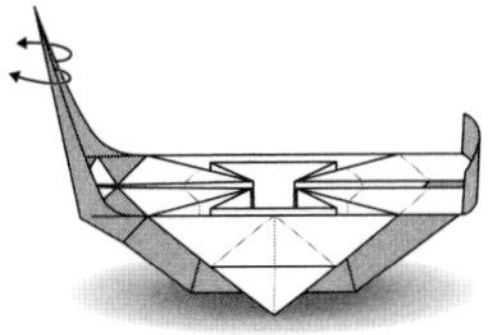

出来上がり

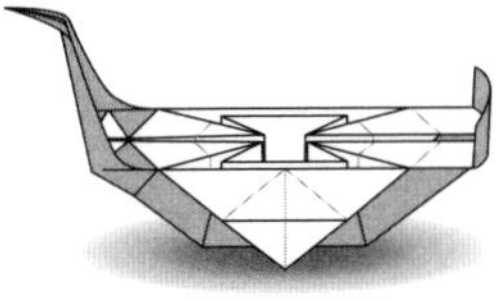

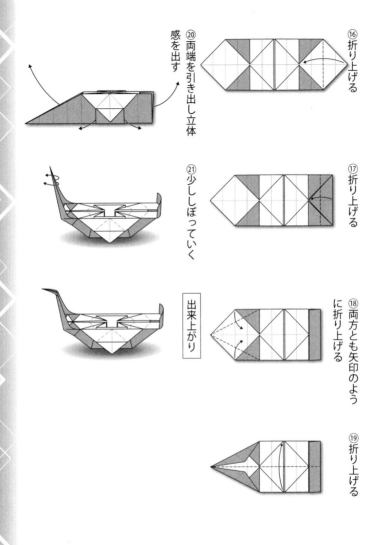

第七章

斎宮神法実践編

◆神折符を折る前に知っておくこと

さて、いよいよ斎宮神法にもとづく神折符のいくつかをお伝えします。

斎宮神法では「折る」という言葉を「天降《あおり》」「天振《あふり》」と解釈し、天意の降下、あるいは天意の律動を意味するものと考えます。そうだとすれば、天意に従って折られた造形物はまさに天意を凝縮したものであり、天のエネルギーを充満させたものといっていいでしょう。ですから、神折符が森羅万象あらゆるものに霊的な力をおよぼし、さまざまな願いをかなえてくれるのです。ただし、それだけに神聖なものですから、扱いには十分気をつけなければなりません。神折符を折り、祀る場合の一般的な注意事項を述べておきます。

○未使用の清浄な白紙を用いる

一般的な折紙は色のついた正方形の紙を用いますが、神折符の場合は縦横の比が1：$\sqrt{2}$の白紙を用います。この比率の紙は半裁、四つ切り、八つ切りにしても縦横比はかわりません。ですからこの比率の紙があれば、作る神折符の大きさにあわせてそのま

長方形の紙の短辺：長辺＝1:$\sqrt{2}$

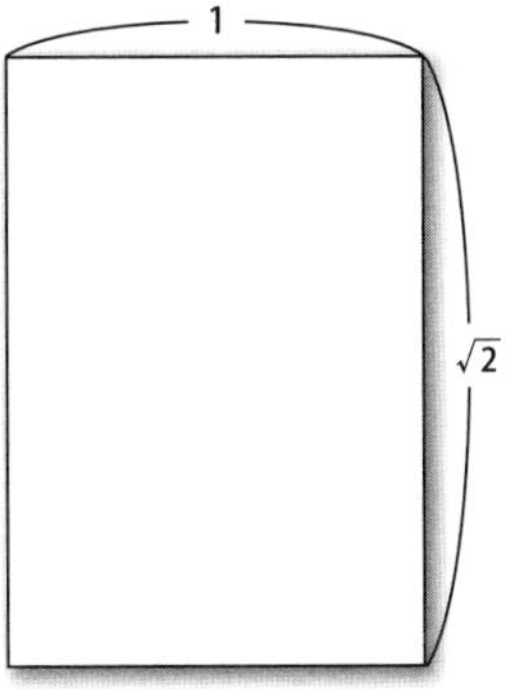

ま用いてもいいですし、四つ切り、八つ切りにして使うこともできます。身につける神折符などはあまり大きくなりすぎないように、よく考えて下さい。

B判サイズのコピー用紙はこの寸法比になっています。

ですからもっとも簡便には未使用のB判のコピー用紙を用いてもいいわけですが、正式には手漉《てす》きの和紙を用いることになっています。ですから、せめて書道用の半紙を用いましょう。

しかし半紙もふくめ、一般的に和紙のサイズは1：$\sqrt{2}$にはなっていません。従って、寸法をあわせなければなりません。もちろん計算してもいいのですし、B判のコピー用紙にあわせて断裁してもかまいませんが、一一四頁に図示した方法を使って型紙を作り、型紙にあわせてサイズを調整して裁断して下さい。

なお、本書発行元の八幡書店ではあらかじめ寸法を揃えた手漉き和紙を販売しています。

○手を洗い、口を漱ぎ、心身を清浄にする

清浄な一枚の紙に対して修する神法ですから、自分の心身も清らかにしなければなりません。折る前に、シャワーを浴び、あるいは手を洗い、口を漱《すす》ぎましょう。また、あまりにも汚れた服を着ていては、せっかく清めた心身も台無しになってしまいます。その場合は、清潔感のある衣服に着替えましょう。

○紙と机の清め

八幡書店で発売している神龍《しんりゅう》火鑽金《ひきりがね》をお持ちの方は、解説書に従い、紙と机を清めましょう。火鑽金をお持ちでない方は、

神火晴明《しんかせいめい》　神水晴明《しんすいせいめい》　神風晴明《しんぷうせいめい》

という呪文を唱え、フッ、フッ、フッと勢いよく三度、口から息をふきかければ大丈夫です。

○折りはじめたら、途中で中断することなく、一気に折りあげる

途中で中断するのはよくありません。じゅうぶんに手順を理解し、練習したうえで、一気に折りあげてください。また折り線をつけるときには息をとめるという口伝があります。

○神折符を人に見せない

自分で作った神折符を人に見せたり、所持していることを人に話してはいけません。自慢げに話したり、ネタとして見せびらかしたりすることはやめましょう。これは神折符にかぎらず他の霊符や呪符でも同じです。

こういう行為はそれ自体で符の効力を減じることになるだけではありません。内心ではあなたのことを快く思っていない人が、あなたを妬《ねた》んで、あなたの願いを封じる呪術をかけてくるかもしれません。

誰かがあなたが恋愛成就の符を持っていると知って、「こんな人が幸せになるのはいやだ」とか「折符なんかにそんな効力があるものか」などと思うと、そうした念が

折符の威力にマイナスの影響を与えてしまうこともあるのです。

なお、屋内に貼る折符の場合は見られてもやむをえません。しかし、その場合でも折符は必ず清め包みに包まれているはずです。わざわざ清め包みから出して、本体を見せるようなことは慎みましょう。

○練習で作った折符や失敗作の処分

はじめて折符を作るにはある程度の練習が必要です。また、失敗作も出てくるでしょう。

しかし、練習で作った折符や失敗作といえども、けっして粗末に扱ったり、ゴミ箱にそのまま捨てるようなことは慎みましょう。処分する折符を入れておく箱を用意しておき、ある程度たまったら、一つづつ丁寧に折をほぐして、元のひらいた状態にもどしてください。もちろん、折った跡はついたままでかまいません。その上で、別の折り線を一つ入れます（一度、縦でも斜めでも折ればよい）。そしてまとめて袋に入れて捨ててください。

なお、少し大きな神社には神札等のお焚《た》きあげの場所がありますので、できれば、そこに持っていくとよいでしょう。

○折り符が破損した場合

身につけた折符や祭祀した折符が破損したり、汚れたり、紛失した場合は、悪い気があなたに作用していると考えれらますので、心身にじゅうぶん注意し、あらためて折りなおしましょう。

不要になった折符は、練習用の折符の処理と同じ要領で処分してください。

○折り手順の原則

折り手順に関しては符によってそれぞれの伝がありますが、以下は松浦彦操よりW氏が受け、それを清水南岳翁が受伝し、さらに私が受けた伝を簡略化したものです。ふつうの神折符であれば、これだけ知っておけば十分です。

基本的には下から上へ折っていくのが原則です。それができない場合は、紙全体を時計回り（古神道的には左旋）に回して角度を変え、下から上へ折れるようにします。紙を裏返す場合においても、向かって左側を右側にもっていくようにして裏返すか、下側を上側にもっていくようにして裏返すようにします。

◆霊験神折符

畳み折り基本形

この折りによって、陰陽の合体・一如（あるいは幽の幽、幽の顕、顕の幽、顕の顕を知り、現界に先んじて幽界に事象が起きること）を悟ることができる。

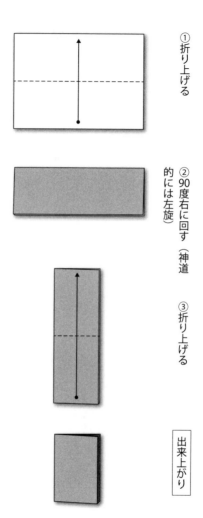

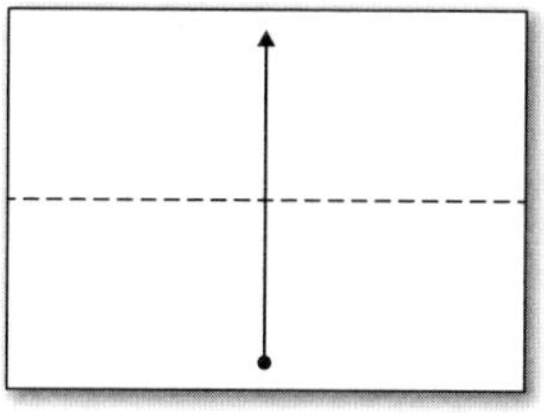

①折り上げる

②90度右に回す（神道的には左旋）

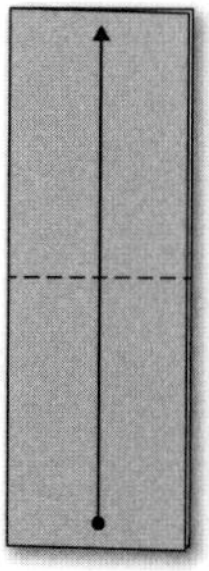

③折り上げる

出来上がり

清め包み

この包みはその中に包みこんだものを清浄に保つはたらきをもつ折りです。この中にこれから紹介する各種の折符を入れて用いるようにしてください。また霊符とか、神社の御土、御砂、神界からもたらされた物など、穢れに触れさせたくない大切なものを包みこんで保管するのに用いるのもよいでしょう。ちなみにこの包みは、松浦家伝のうちの一法です。簡易なものですが、その形状にいくつかの深い意味が含まれています。ここには記しませんが、みずから霊悟されることを祈る次第です。

①折り上げる

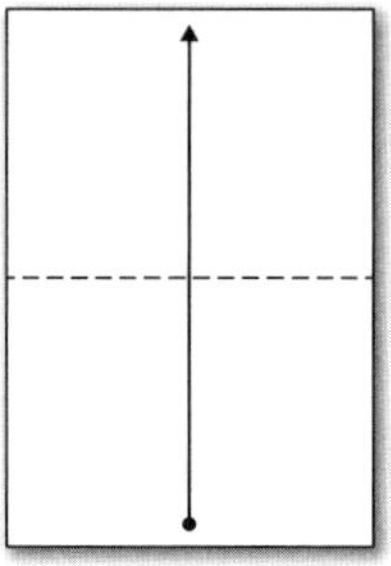

②下から三分の一を折り上げる

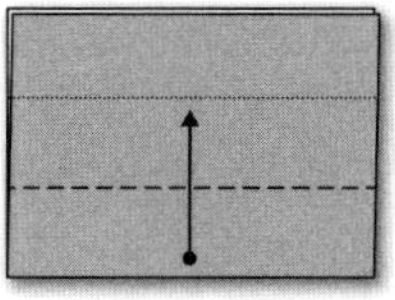

③AをBに合わせて折る

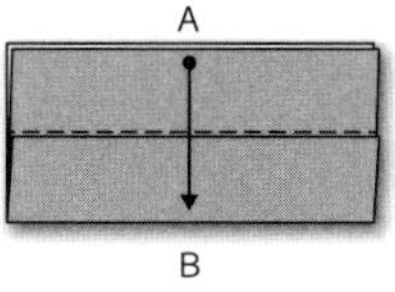

④上の二枚を下から三分の一折り上げる

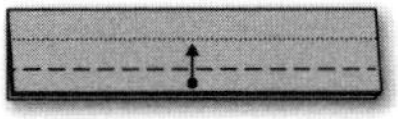

⑤裏返す

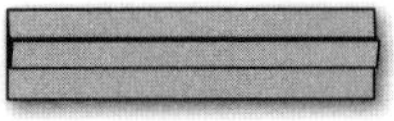

⑥図のように折る

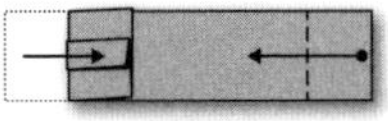

出来上がり

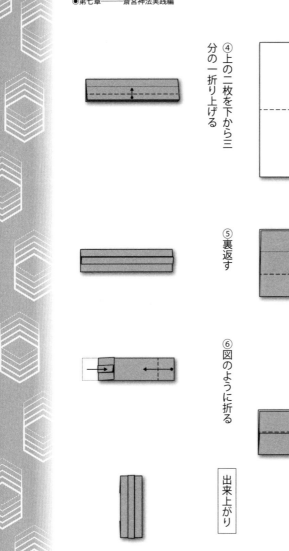

開宝之符

この符を神棚などに安置し、祈願することによって、さまざまな能力が発揮されるようになります。白いもの、黒いもの、赤いものの三種のもの（豆とか、ゴマ）を供物とすると一層の霊応が期待できます。陳法之符という折りと一緒に用いると、より一層の霊験があるとされています。

※次頁に「指二本分の巾を残して」という表現がありますが、本来は、用いる紙の横幅は、各人の指十二本分の長さのものを使用することになっていますので、便宜的にA４判の用紙を用いる場合には、用紙の短辺を十二等分して、その一つを指一本分の長さとします（A４判の用紙の短辺は二一〇㎜なので、指一本分の長さは十七・五㎜。B４判の用紙の短辺は二五七㎜なので、指一本分の長さは約二十一・四㎜）。家内安全之符、幸運之符も同様です。

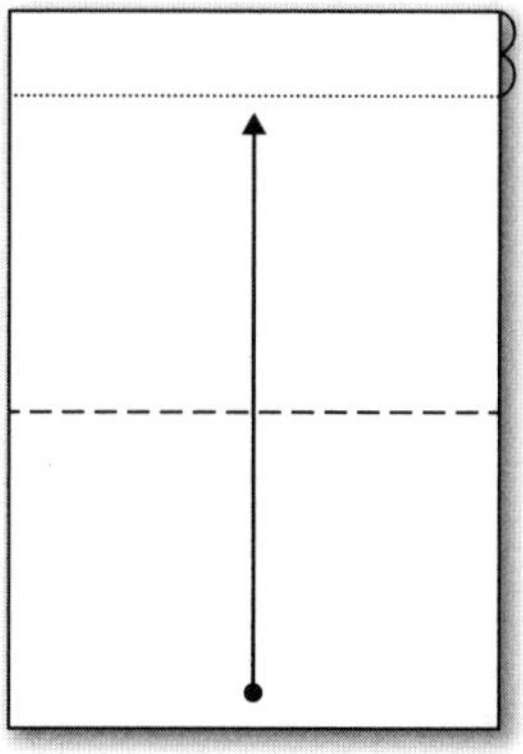

①指二本分の巾を残して折り上げる

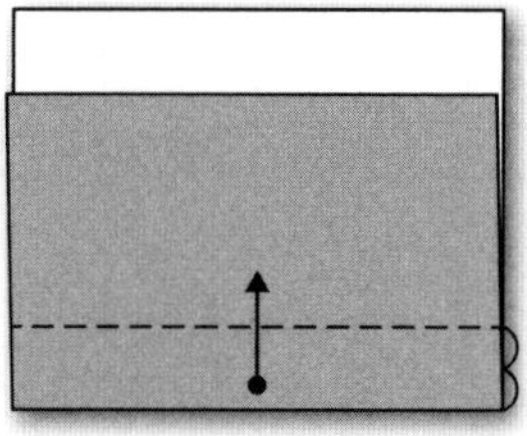

②指二本分の巾を折り上げる

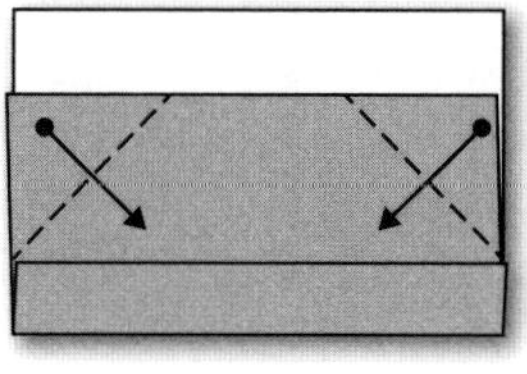

③上の紙を左右とも図のように折る

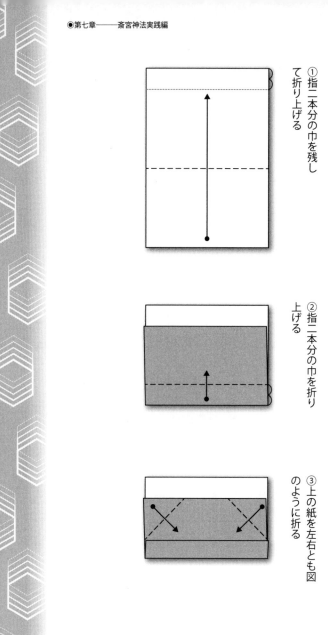

④内側へ折りこむ

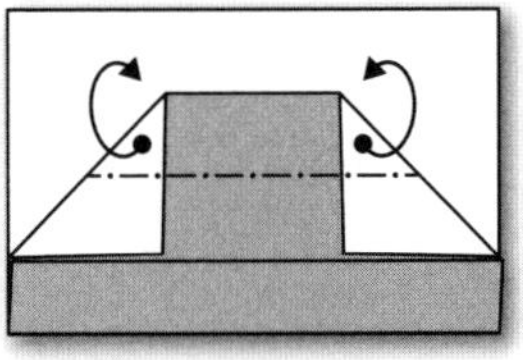

⑤真ん中に折り線をつける

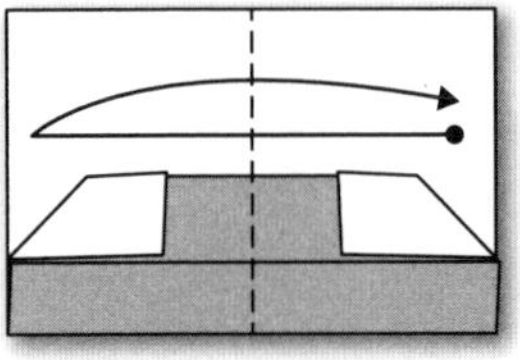

⑥折り線に合わせて左側を袋折り

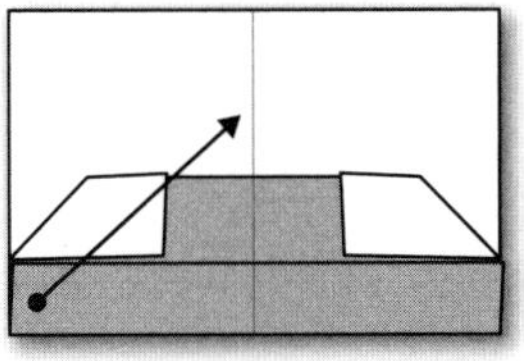

⑦袋折り（途中）

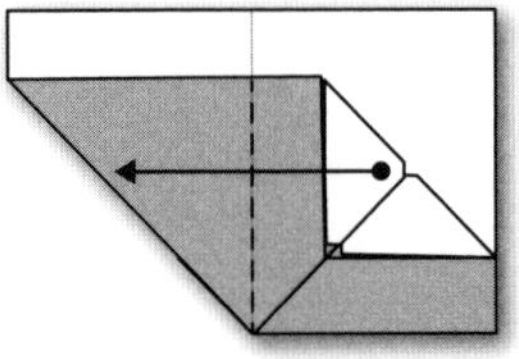

⑧同様に右側も袋折り

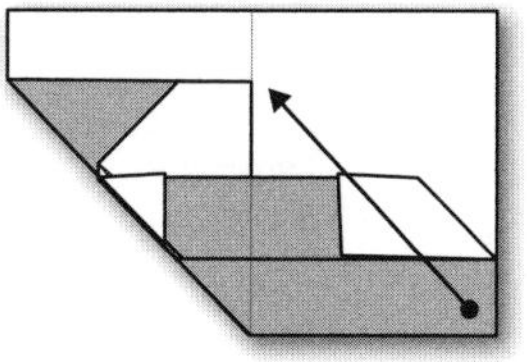

⑨裏返して、左右とも真ん中から指一本分の巾を残して折る

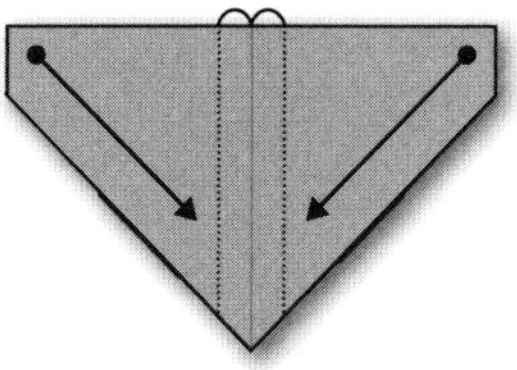

⑩裏返す

出来上がり

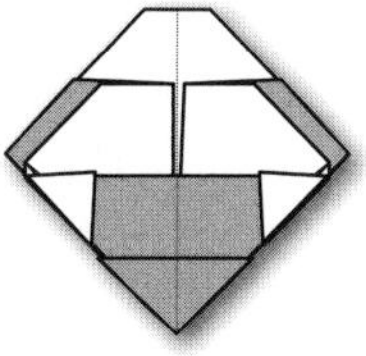

魅了符

自分に関心を持ってもらいたい異性と会うときなど、この魅了符を所持して会うようにすれば、不思議と相手と話が合って仲良くなれることでしょう。

①折り線をつける

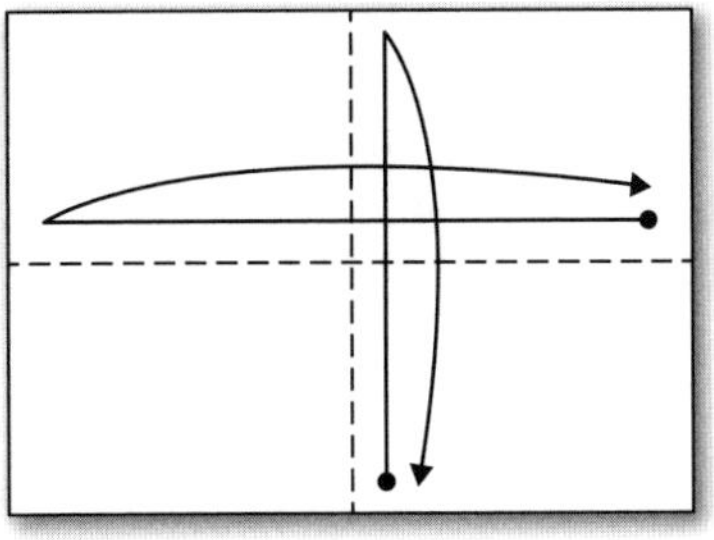

②図の位置から時計回りに回しながら、角を中心に折り上げていく

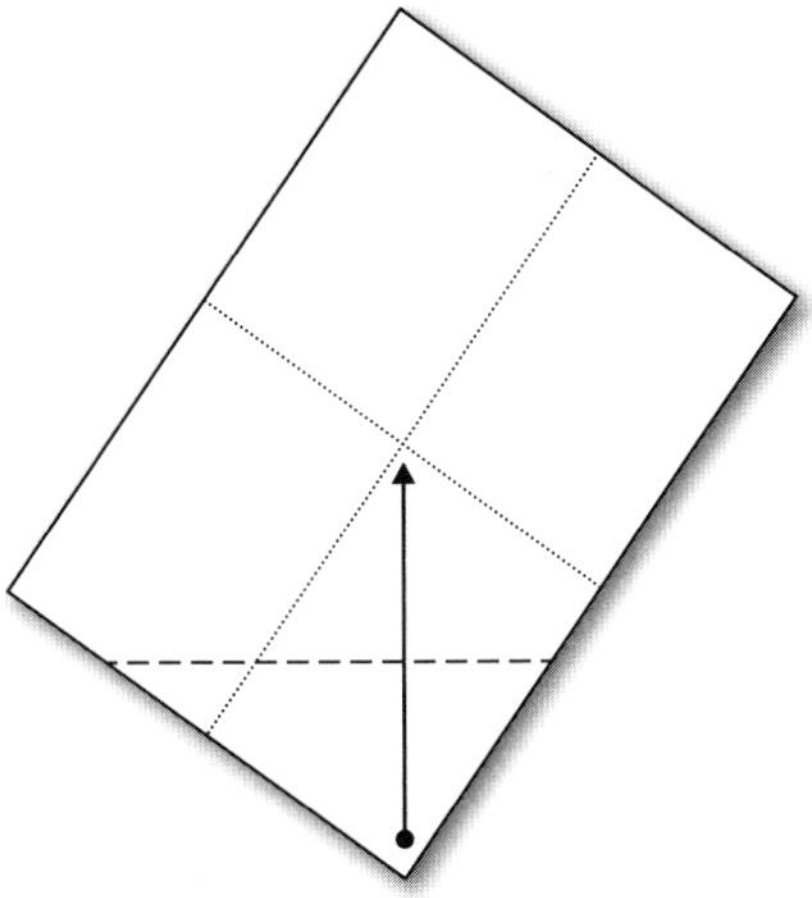

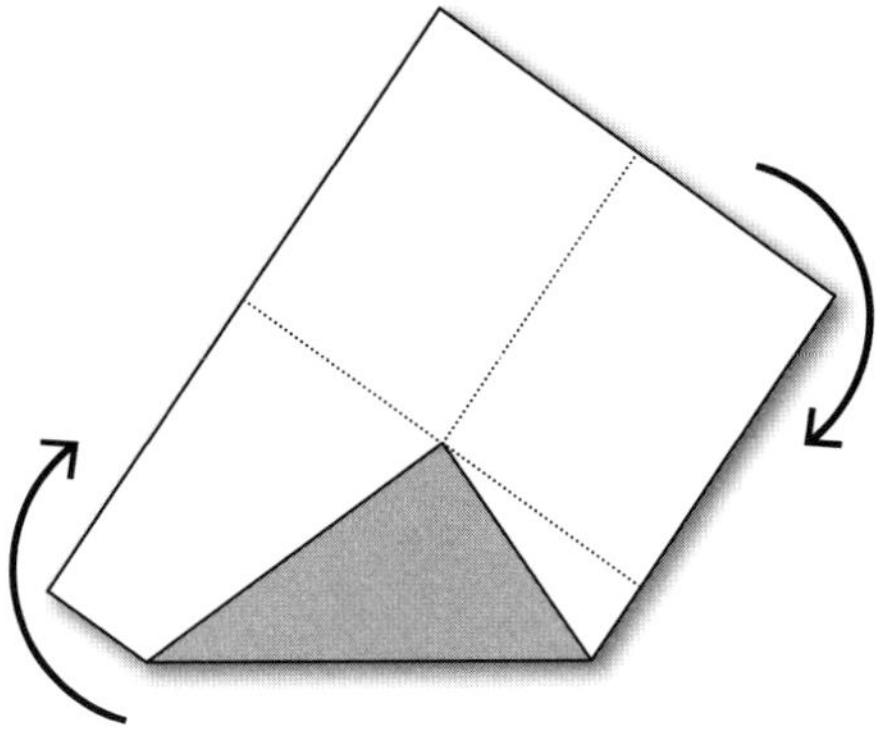

③中心に折り上げる

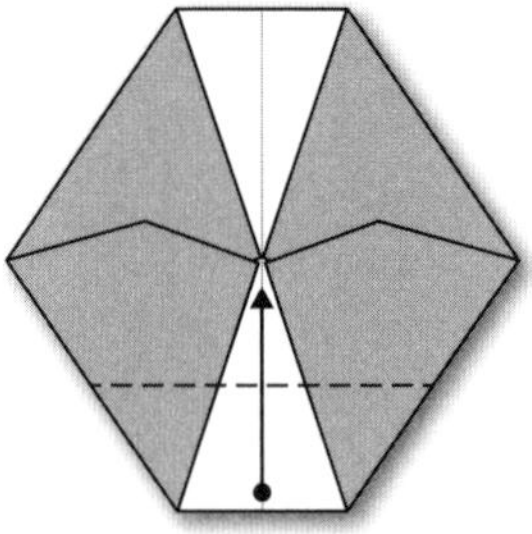

④左右をいったん折り上げ、折り線をつける

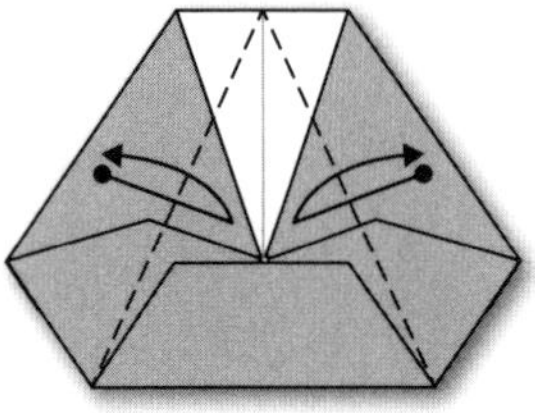

⑤左側を折り線にそって折る

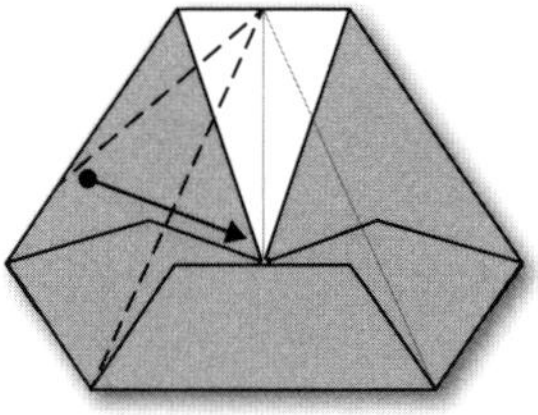

⑥中心線に沿って折り返す

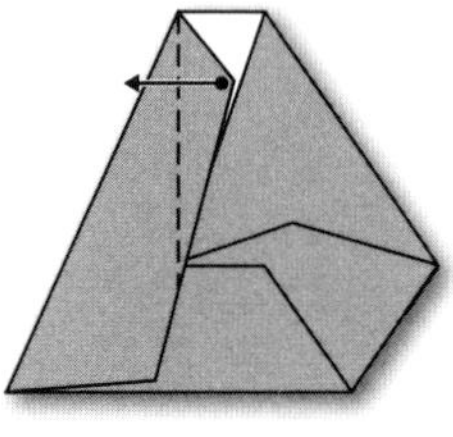

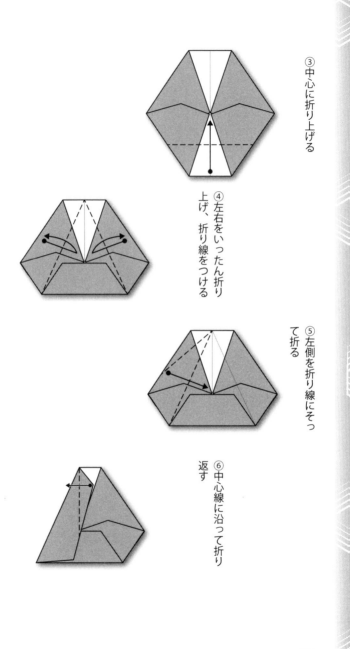

⑦右側も同様にする

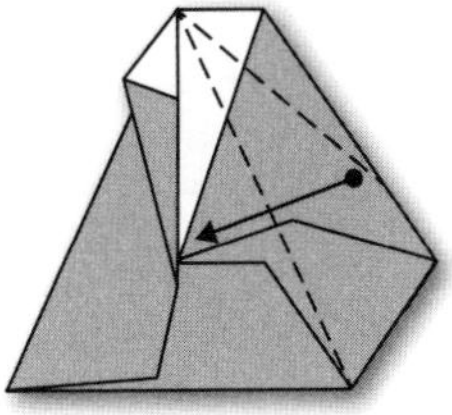

⑧裏返す

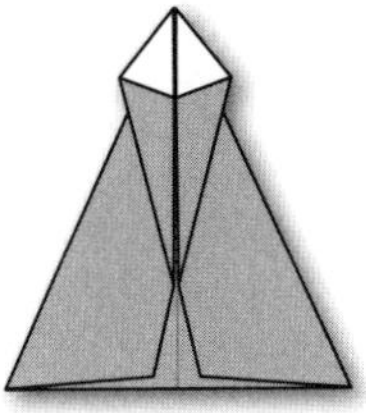

⑨真ん中で折り合わす

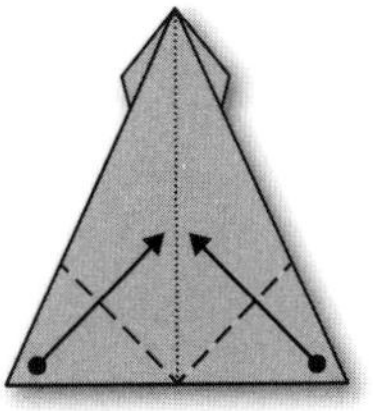

裏返して

出来上がり

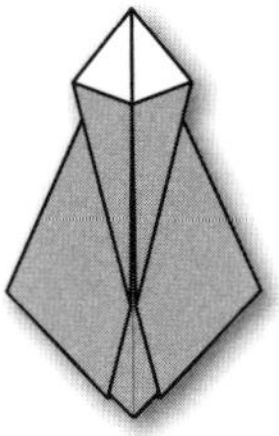

願望達成之符

この神折符を所持することによって、みずからの願望が自然と成就します。また毎日一回、この折符を手にして、自分の願っていることがかなったありさまをイメージするようにすれば、一層の霊験を期待できます。

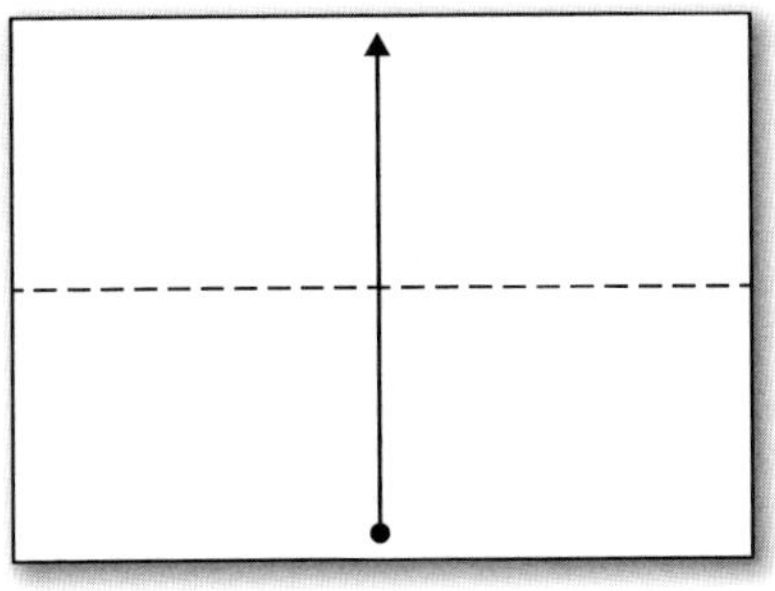

①折り上げる

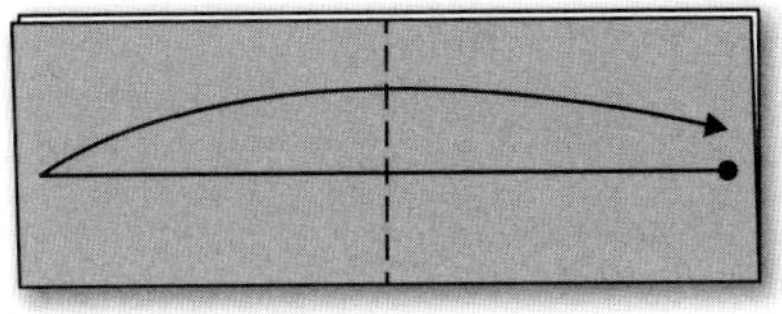

②折り線を付ける

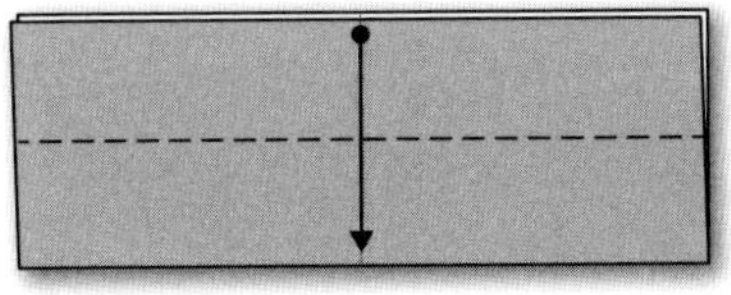

③上一枚を図のように折る

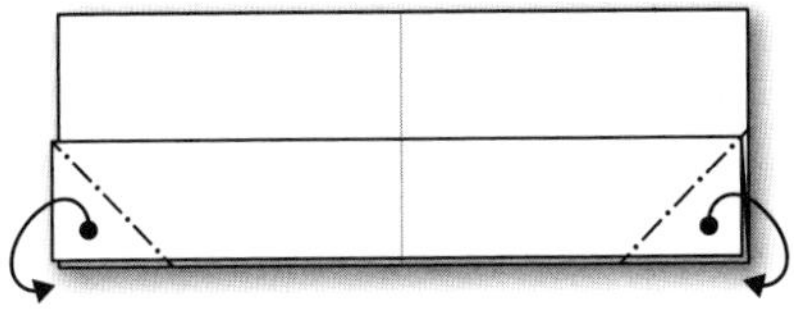

④裏返して左右とも折り上げる

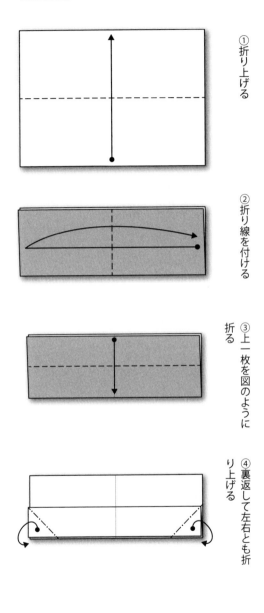

⑤左右とも折り上げる

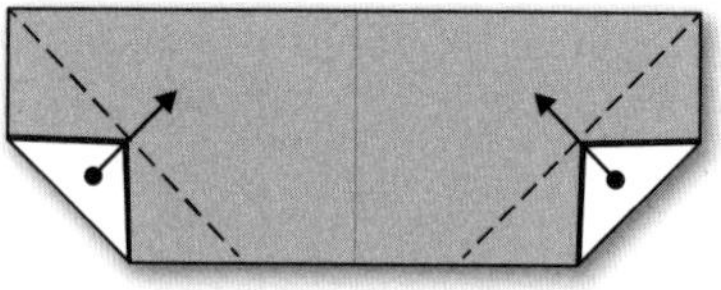

⑥裏返す

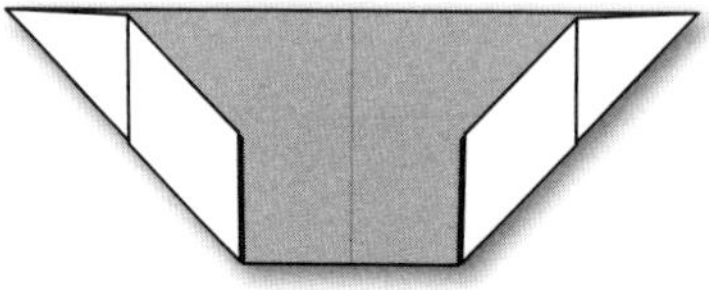

⑦真ん中で折り合わす

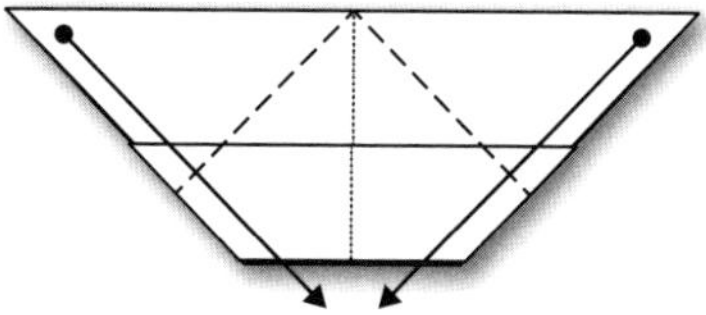

⑧裏返す

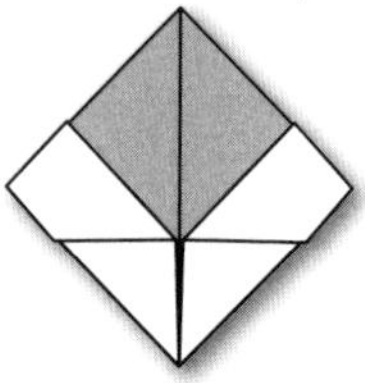

出来上がり

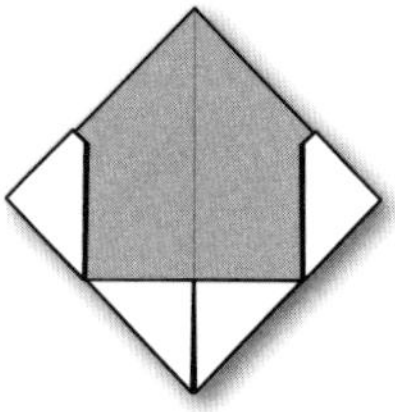

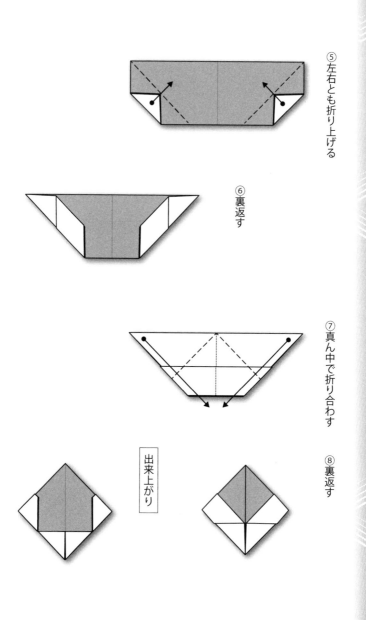

家内安全之符

家の中に災が起きないようにする神折符。神棚に安置するのが好ましいのですが、なければ、清め包み（一四四頁参照）に包むか、袋などに入れて高い所に貼るとよいでしょう。

①指四本分の巾を残して折り上げる

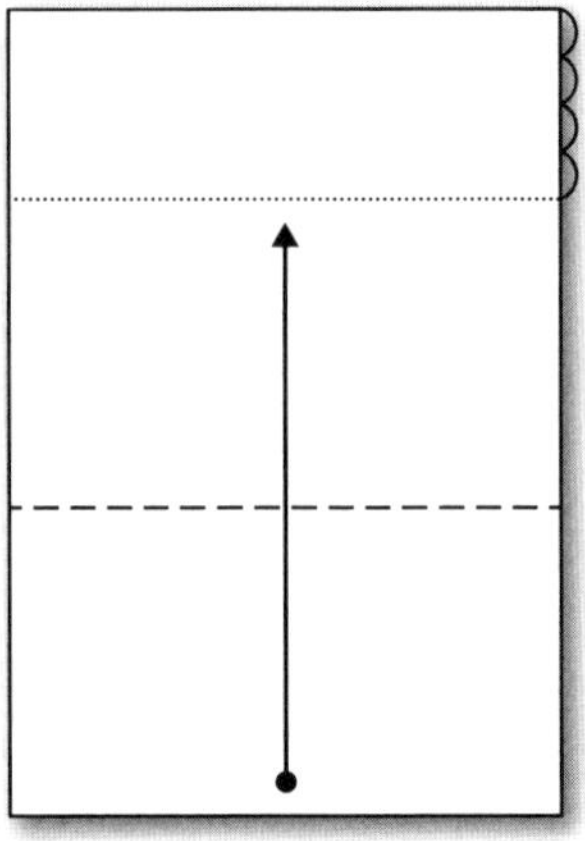

②イとロが同じ長さになるように折る

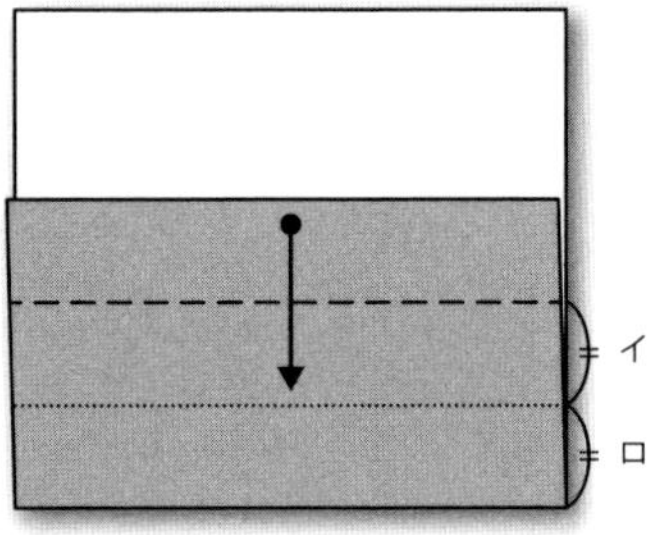

③裏返してAをBの位置まで折る

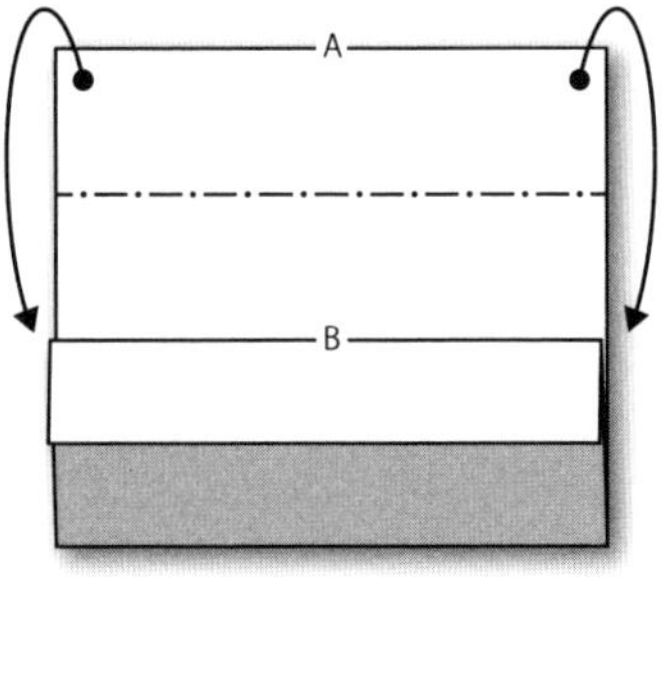

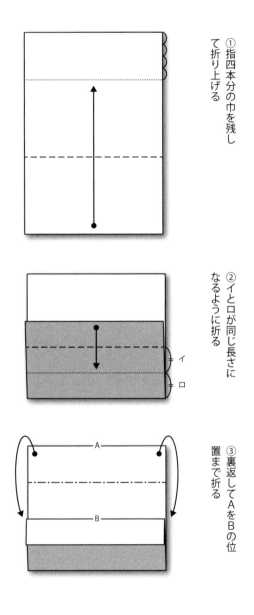

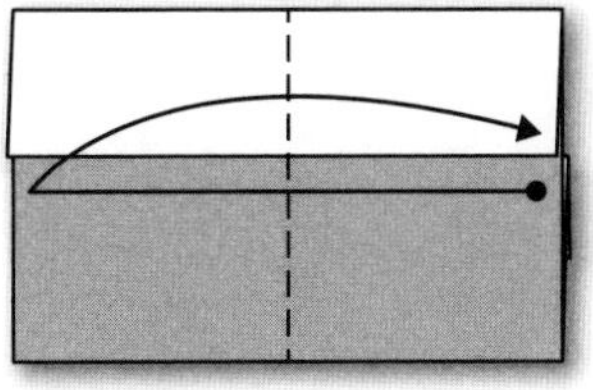

④折り線をつける

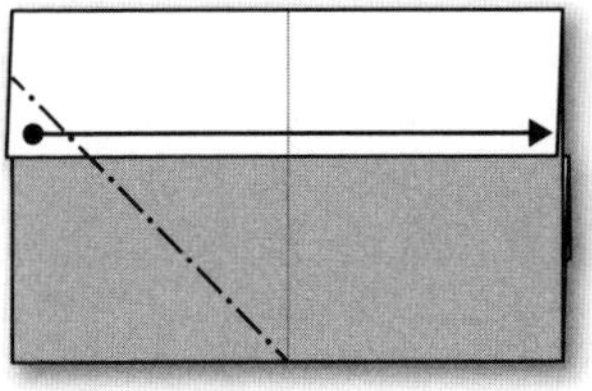

⑤左側を袋折り

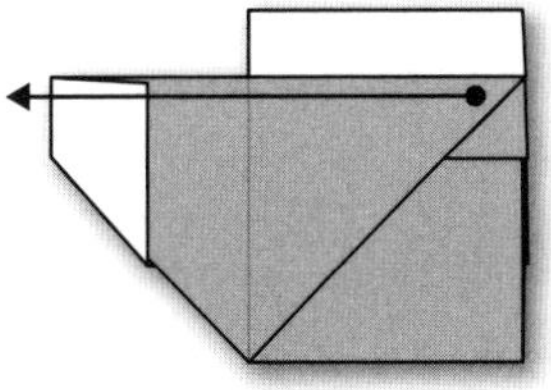

⑥袋折り（途中）

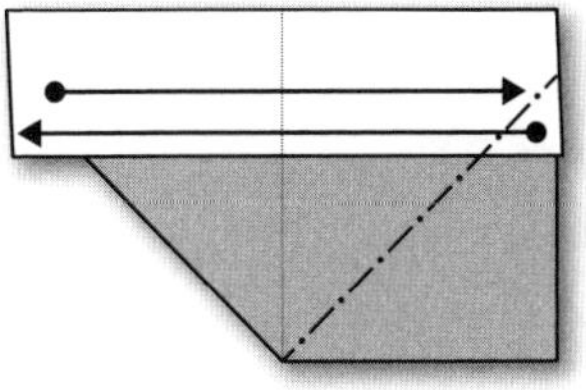

⑦同様に右側を袋折り

⑧左側の上一枚を袋折り

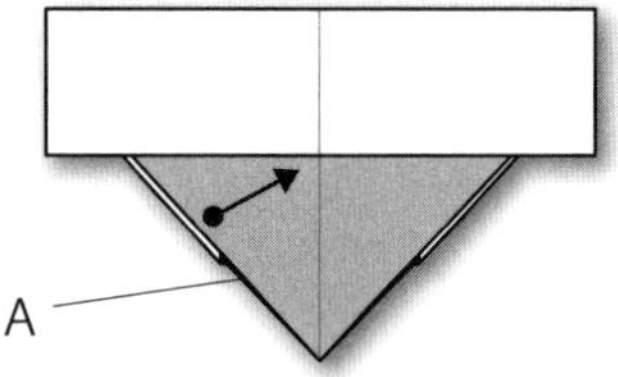

⑨袋折りを完成して完全に折り線をつけてしまう前に、裏返して下図のように若干ずらす

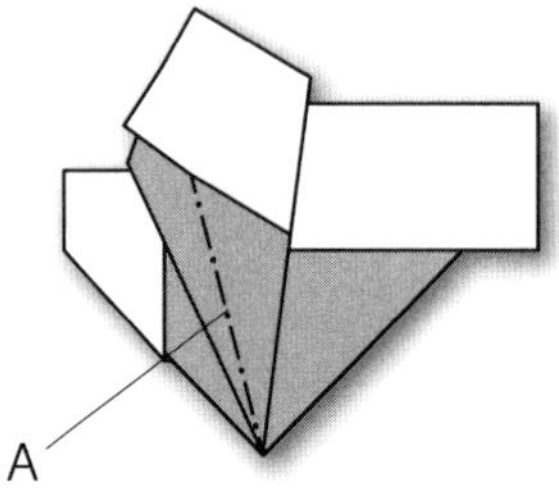

裏返した状態でみると

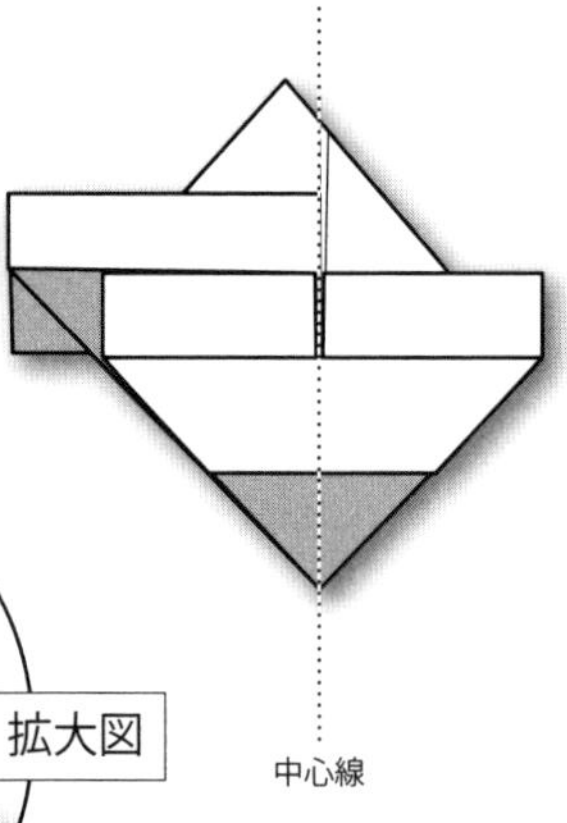

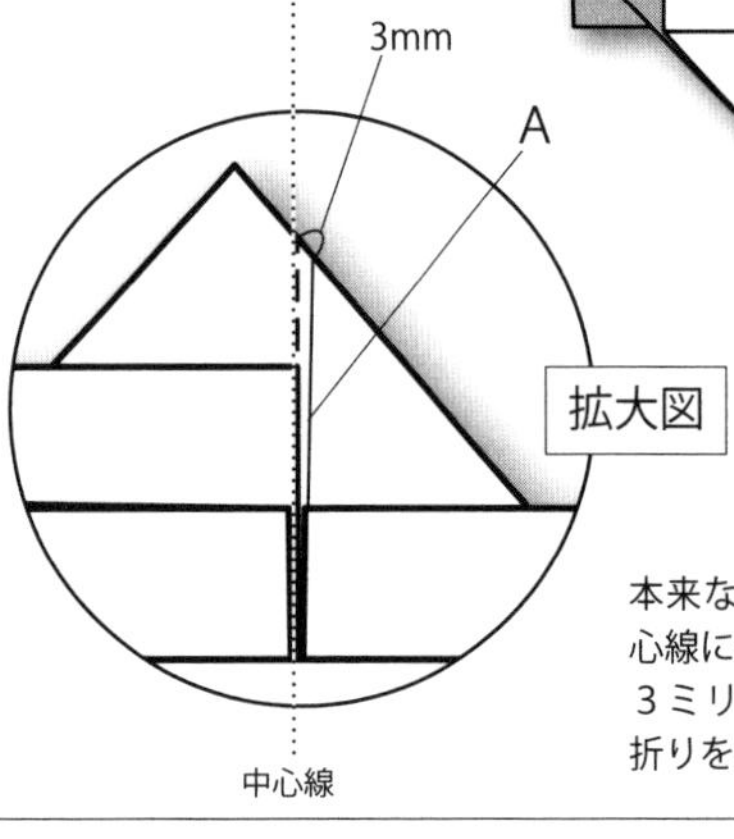

本来ならAの折り線を中心線に合わせるところを、３ミリほどずらして、袋折りを完成させる

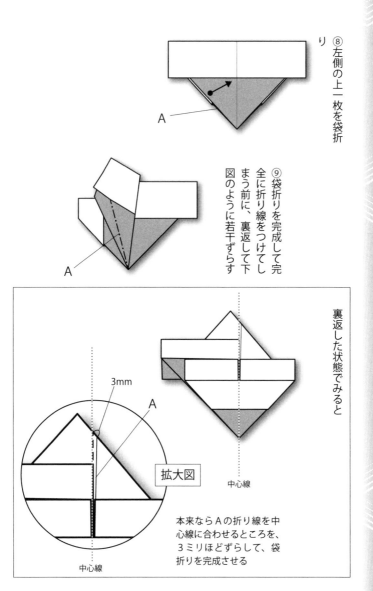

⑩折り線にそって折り上げる

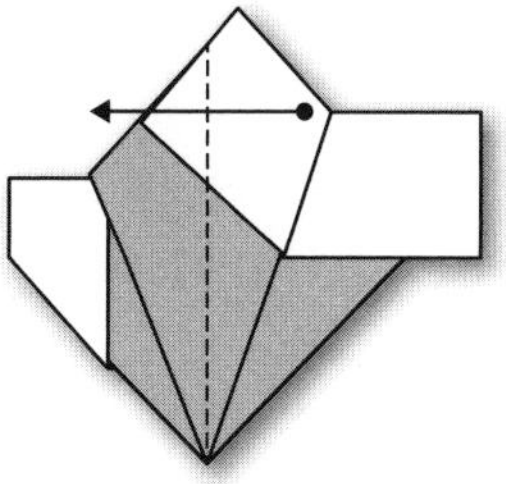

⑪左側も同様にする

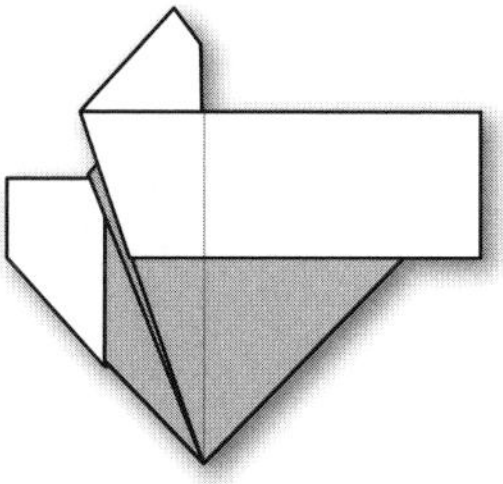

出来上がり

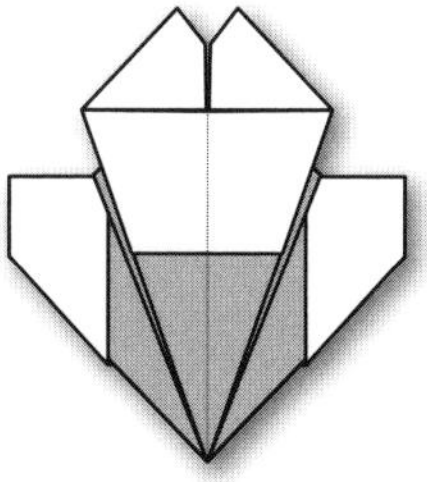

厄除之符

一切の災厄を防ぐための神折符。どこに行っても本当に安全だというところは稀《まれ》です。どんな災厄が降りかかってくるか分かりません。常に所持するようにすることで災を防ぐことができます。

①折り上げる

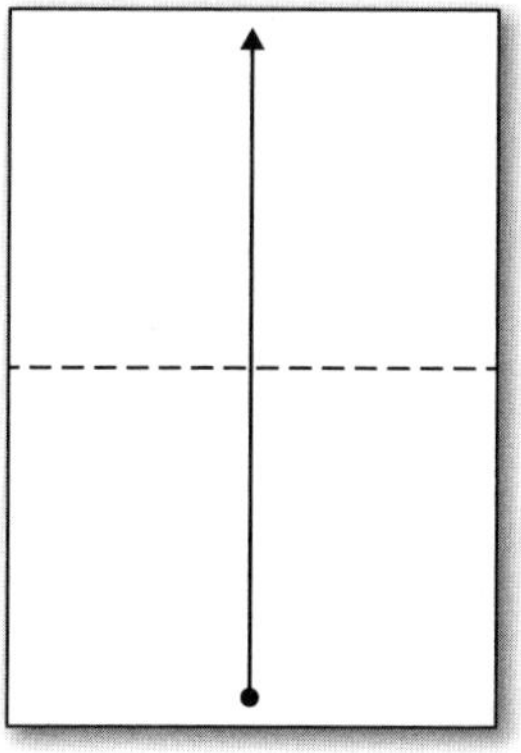

②上一枚をAからBまで折る

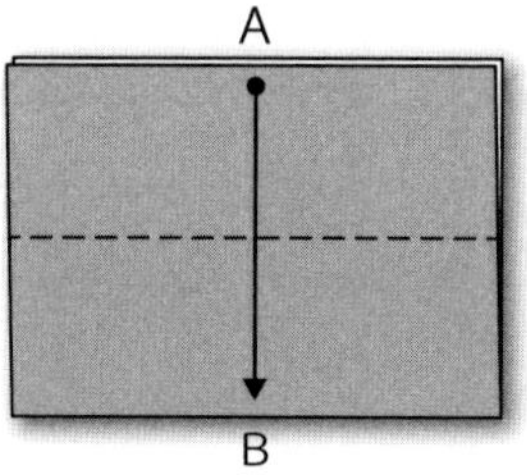

③左右とも上一枚を折り上げる

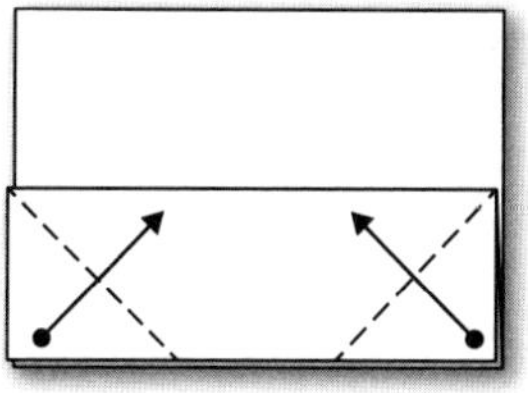

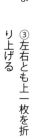

④下一枚を裏側に折る

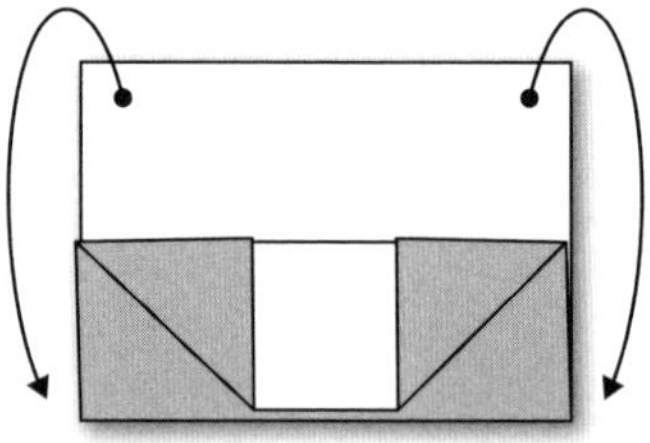

⑤裏返す

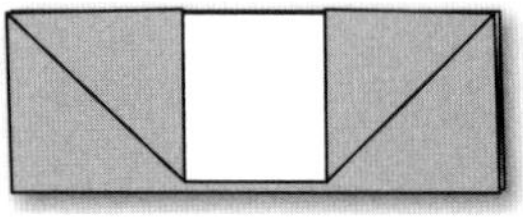

⑥上段を左右とも図のように折る

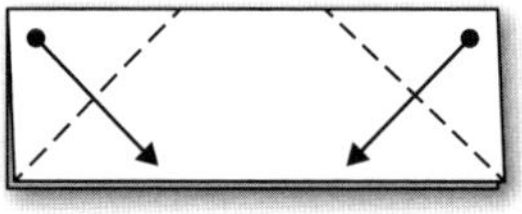

⑦上段を左右とも図のように折る

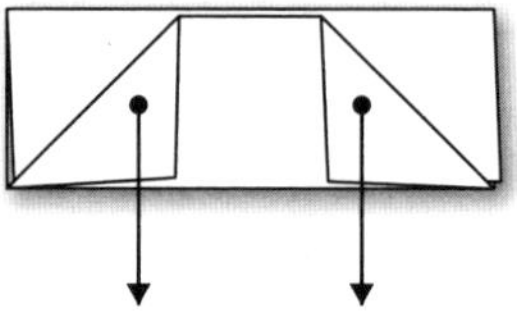

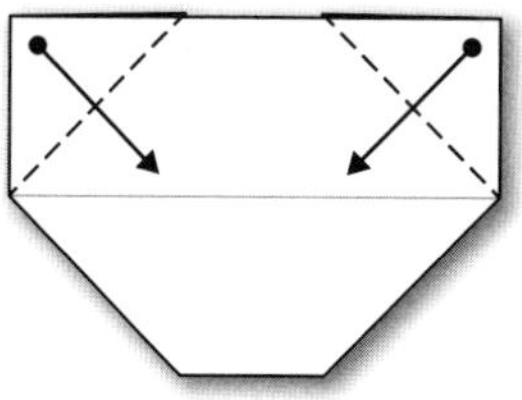

⑧左右とも図のように折る

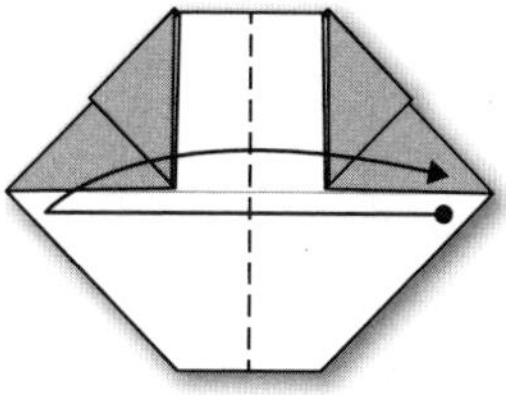

⑨折り線をつける

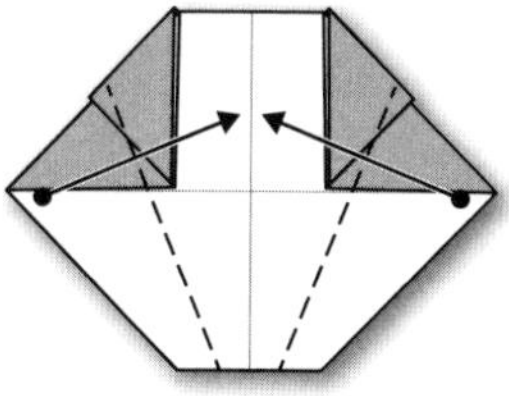

⑩真ん中で折り合わす

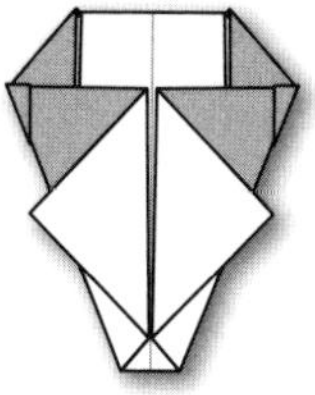

⑪裏返す

⑫折り上げる

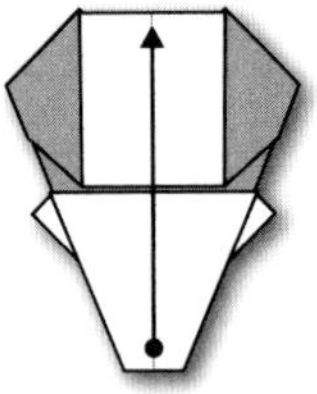

出来上がり

幸運之符

あなたに幸運をもたらす神折符。このまま、神棚とか、清め包み（一四四頁参照）に包んで、自分の机の中になどに入れておけばよいのです。また指定の場所に「さきはひ」と書いた紙を入れるとさらに効果的です。

①指三本分の巾を残して折り上げる

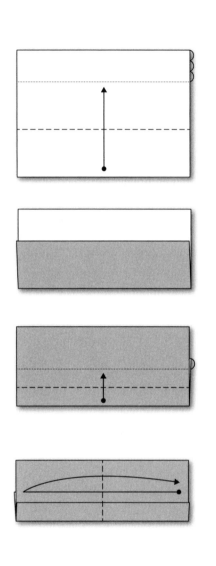

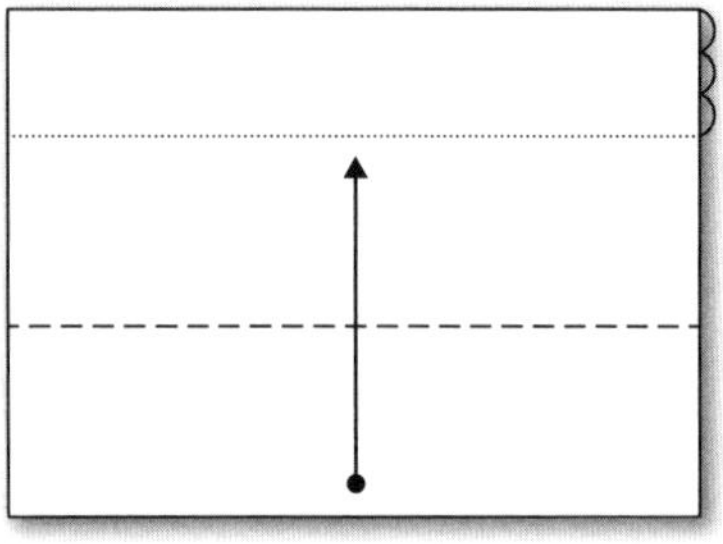

②裏返す

③指一本分の巾を残して折り上げる

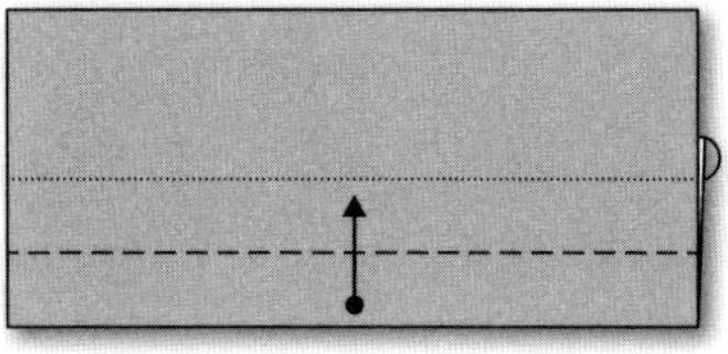

④折り線をつけて裏返す

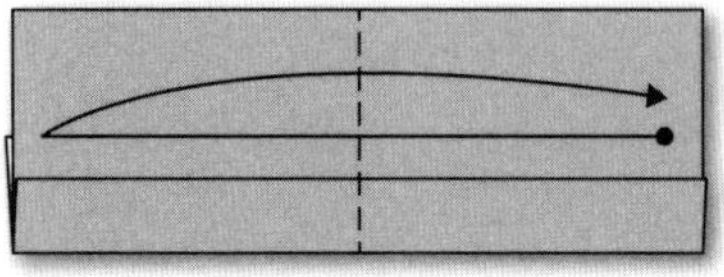

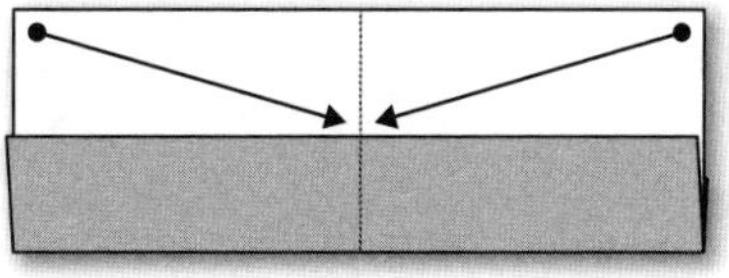

⑤左右を折り合わす

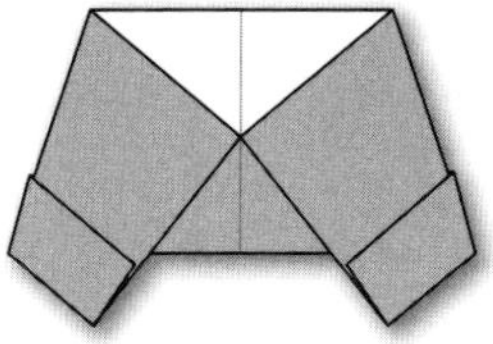

⑥裏返す

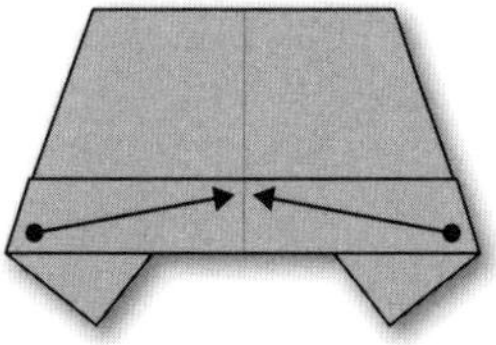

⑦左右を折り合わす

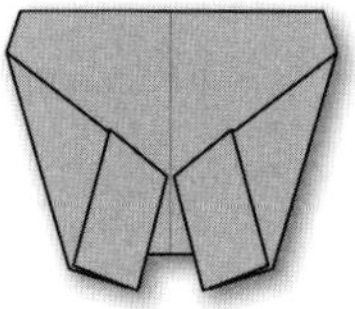

⑧裏返す

⑨折り線をつける

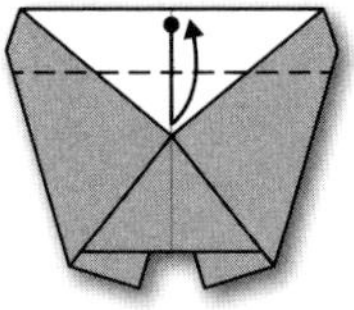

⑩Aの点で折り合わす

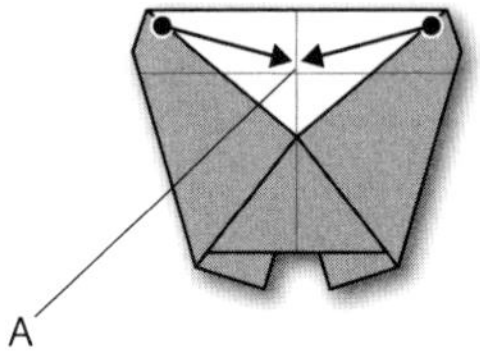

⑪折り合わせる

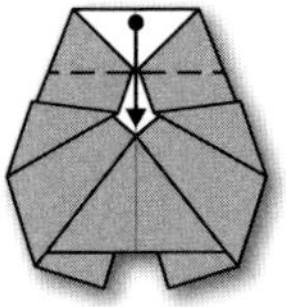

⑫裏返す

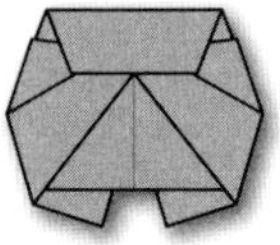

出来上がり

第八章

もう一歩うえを目指して

◆気を充実させよう！――玄気発現法

斎宮神法の神折符はどなたが作っても一定の効果があります。しかし、折る人の「気」が充実し、手からそれを放出するだけのパワーがあれば、それだけ神折符のパワーも強くなります。

そういう力は誰にも潜在的にありますが、ストレスの多い現代人はともすれば、気が枯れる＝ケガレという状態に陥りがちです。ですから、それを回復するための技法もまた必要になってきます。

ここに紹介する「玄気発現法」は、筆者が初心者でも簡単に行えるように、紫龍仙真人という方の教示するところの伝をもとにして、簡略化して、かつて発表したものです。たいへん効果があったと好評だった「気」の強化法、発現法ですので、ぜひ試してみて下さい。

①膝を十センチぐらい離して正座し、両手を合わせ胸の前で合掌します。神棚をお祀りされている方は神前がよいでしょう。

②次の秘言を十分ほど唱えながら、自分の全身から気が放射し、自分のまわりすべてを照らし出しているさまを想像します。なお、秘言を唱える際、環境や時間によっては無理に声を出さなくてもかまいません。無声で口のなかで唱えるだけでもかまいません。

「天地《てんち》の玄気《げんき》を受《う》けて福寿光無量《ふくじゅこうむりょう》」

③次に左右の腕を伸ばして、腕全体を外側へ捻《ね》じれる限り捻じり、「福寿光無量」と七回念唱します。次いで左右の腕全体を内側へ捻じれる限りぐっと捩じ曲げ、同じく「福寿光無量」と七回念唱します。この念唱も時間帯や環境によっては無声でもかまいません。この点については以下同様です。

④次に両手掌を「福寿光無量」と念唱しながら、握ったり開いたりを二十一回繰り返します。

⑤次に手首から先の力を抜いて、水滴でも払い落とすように激しく手の先を振り動かしつつ「福寿光無量」と二十一回念唱します。

⑥次に両手掌を再び胸の前で合掌し、上下に激しく摩擦し、「福寿光無量」と二十一

①胸の前で両手を合わせ合掌し、「天地の玄気を受けて福寿光無量」と10分ほど唱える

②両腕を横に伸ばし、後ろに回しながら腕全体を外側に捻じれるだけ捻じ曲げて「福寿光無量」と7回唱える

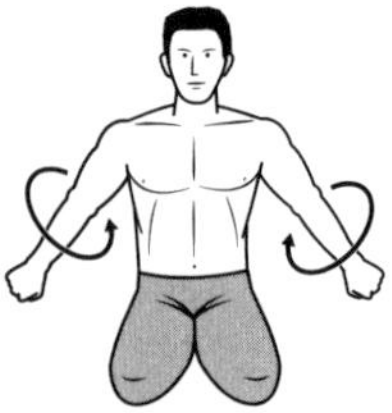

③内側に捻じれるだけ捻じ曲げて「福寿光無量」と7回唱える

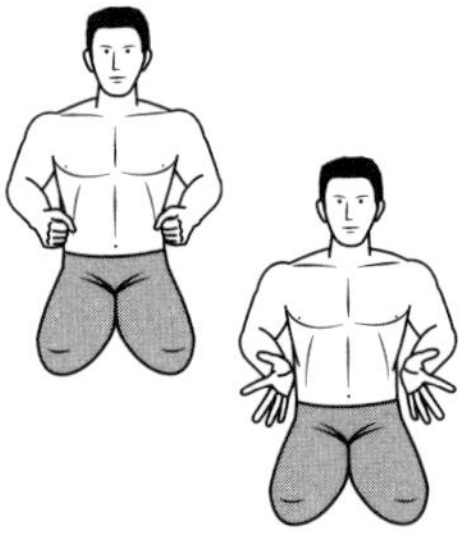

④両方の掌を握ったり開いたりしながら「福寿光無量」と21回唱える

⑤手首から先の力を抜いててのひらを水滴を払い落とすように激しく振り動かしながら「福寿光無量」と21回唱える

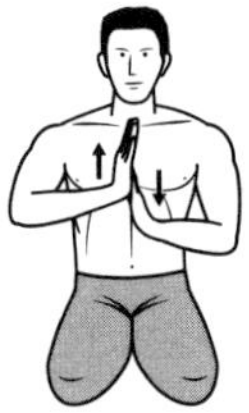

⑥胸の前で両手を合わせ合掌し、上下に激しく摩擦させながら「福寿光無量」と21回唱える

玄気発現法

回念唱します。

念唱の数が途中で分からなくなりそうな人は指を意識して数えるとよいでしょう。例えば一の時は親指、二の時は人指し指というようにします。二十一回念唱の場合は、七回を三つ繰り返すと考えて数えれば混乱しません。

非常に簡単な方法ですが、朝夕一回、一日に二回づつ毎日続ければ、あなたの気は確実に充実します。人によっては両手にビリビリと電気のようなものを感じたり、蟻《あり》の這《は》っているような感じがしたり、温風を感じたり、涼風を感じたりするでしょう。これは霊気の放射作用が強化されたためで、この修法を倦《う》まずたゆまず続ければ、人によっては肉眼をもってもその気の放射を見ることができるほどにその霊気が充実します。

そこまで行けば、あなたが作る神折符の効験は著しいものになります。それだけではなく、手を患部に当てて病気を治したりすることもできるようになることでしょう。

◆神折符のエネルギーを感じよう！——折符効能審神法

玄気発現法で気が充実するようになると、自分で作った神折符のエネルギーも次の方法で簡単に確認できるようになります。

この鑑定法は神折符だけではなく、神社や仏閣でもらったお守りや霊符にも適用できます。この鑑定法で調べてみると、たとえ有名な神社で頒布しているお守りでも、なんの霊験も期待できないものがあることに気がつくかもしれません。

神折符の場合は、作法通りに謹製すれば、誰が作っても必ず一定の効果がありますが、それでも、日により、体調の具合などによっても、本来あるべきはずの神験をじゅうぶんに発揮しないものもあります。ですから、この鑑定法で審査し、なるべくエネルギーを感じる符を用いるようにしましょう。

神棚を祀るとか、神様などの掛軸を掛けている方はその前に座し拝をします。そうしたもののない方は、落ち着いた部屋で心が落ち着く方向に向かって座します。

鑑定する神折符、霊符、神札を両手掌にのせ、その手掌を印堂（眉と眉の間）のあたりにもってきます。十センチ前後離して静かに奉戴し、両眼を閉じ、頭を少し低く下げて、自分の信奉する神仏の加護を願い、その御名を唱えながら（あるいは「この符が霊なるや、霊ならざるや、知らしめたまえ」と念じ）、数分間、符に心を集中します。

このようにしていると、早い場合は即座に、遅くとも数分以内に、神折符や霊符を拝戴している両手掌もしくは印堂に、ビリビリと電気の走るような、ムズムズするような、温風、もしくは涼風の吹くようななんともいえない感覚がしてきます。その符の霊威がとりわけ強い時には、全身にその感覚が伝導して、手掌、手腕はもちろんのこと全身が霊妙に微動することも少なくありません。

霊感が即座に感応するようであれば、その神折符は神気の籠もった霊験のある活符ということになります。その符の神威発現の速《すみ》やかさ、神験の顕著さはそれこそ折紙付きです。

神折符以外の場合は少し注意が必要です。巷間に流布する霊符の中には邪神系統ものもあります。そういう場合でも、その符に感通《かま》けている霊物が強力である場合は、同様な感応があるのでそこを取り違えないように用心しなければなりません。これも慣れてくると、邪神系統のものは一種の不快感を伴うので、おのずと判断がつくようになってきます。

◆心のなかで紙を折る！——神折符玄想法

目を閉じてまぶたの裏に特定のイメージや情景、図像などをはっきりと思い描く力は、あらゆる能力開発の基本です。

たとえば成功法の秘訣は、自分が成功したときのイメージをつねに心に強く思い描くことだといわれています。

スポーツにおいては、つねに自分が理想のプレーをしている場面を頭の中ではっきりと思い描くことが、実際のよいプレーにつながります。

大学受験や資格試験では、快調にすらすら問題を解いている自分の姿をあらかじめ何度も思い描いておくと、それだけで当日は緊張せずによい結果が得られます。

英単語を覚える場合には、その単語の意味を例文ごとビジュアルとしてイメージすると記憶がはるかに定着します。

珠算熟練者が暗算をするときは、そろばんをイメージして、それを心のなかではじきながら計算しています。

テレパシーや透視などの超能力を身につけたい場合には、前提としてビジョンをはっきり見ることができるイメージ力が必要なことは言うまでもありません。

このように、さまざまな能力を身につけるに際して、イメージする力はたいへん重要かつ基礎的な役割をはたします。

ですから、イメージを描くのが苦手な方は、何をするにもまずイメージ能力を高める必要があります。

ほんの短い時間、おぼろげに何かをイメージすることはそれほど難しくありません。しかしその程度のイメージでは、成功法においても、記憶法においても、脳に与えるインパクトが弱いため、ほとんど役に立ちません。

問題は、リアルではっきりとした映像を一定の時間、持続することです。

これは多くの人にとっては、かなり難しいことです。

たとえば、いま目の前に一輪の菊の花があるとして、それをしばらく観察して目に焼きつけなさい、そして瞑目してそれをはっきり思いうかべなさい、と言われてもすぐに出来る人は稀《まれ》です。ほんの一瞬であれば出来ても、それを持続するにはかなりの集中力が必要になります。というのも菊を思いうかべるつもりが、春先に見た桜の花を思い出したり、皇室の紋章を思い浮かべたり、さらにその日の夕食のことを考えたり、いま読んでる本のことを思い出したり、つねに心は浮遊します。いわゆる雑念です。

雑念を排して、あるイメージを持続して幻視するには、かなりの集中力が必要です。逆に言うと、イメージ力が高くなれば、集中力も自然と強化されます。

そのためさまざまなイメージトレーニング法がありますが、神折符玄想法は、もっとも簡単で確実に効果のある方法です。

方法はきわめて簡単です。心のなかで神折符を折るのです。どの折符を使ってもかまいませんが、初心の方には「三剣之略符」がいちばん適切であると思われますので、最初にその折り方を説明します。この折符も、1：$\sqrt{2}$の寸法の清浄な和紙を使用します。

三剣之略符（辟障符）

①三角に折る

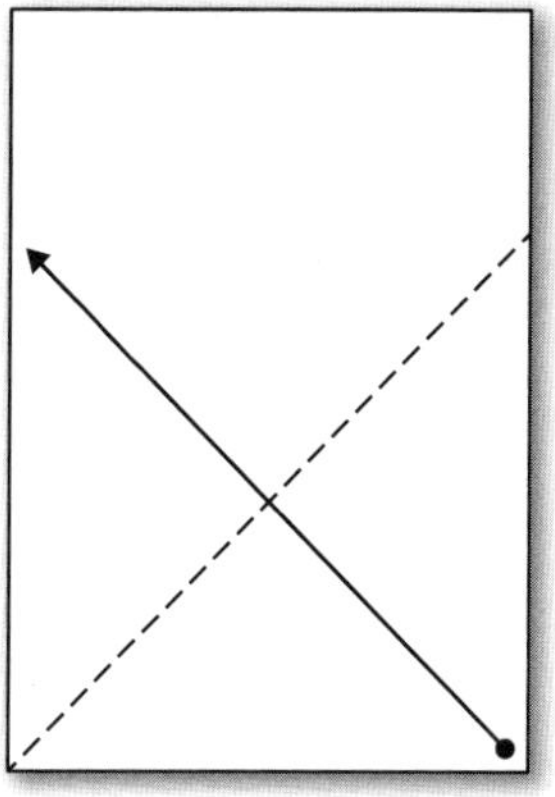

②裏返して三角に折る

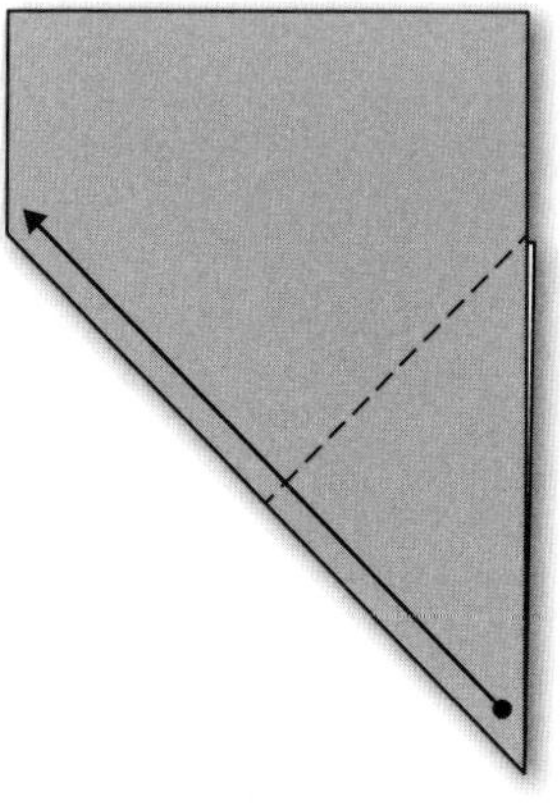

③上一枚を真ん中で折る

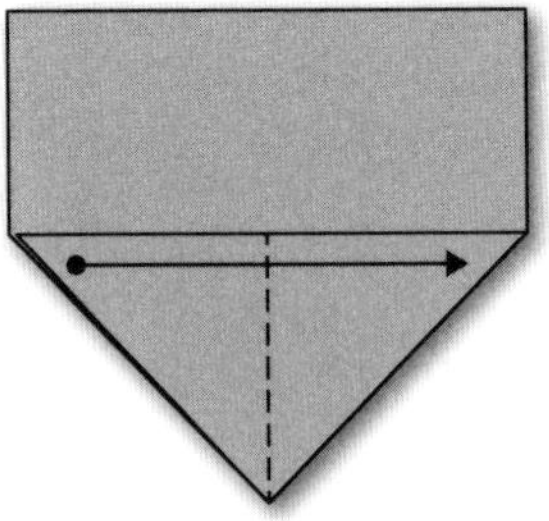

④袋折り

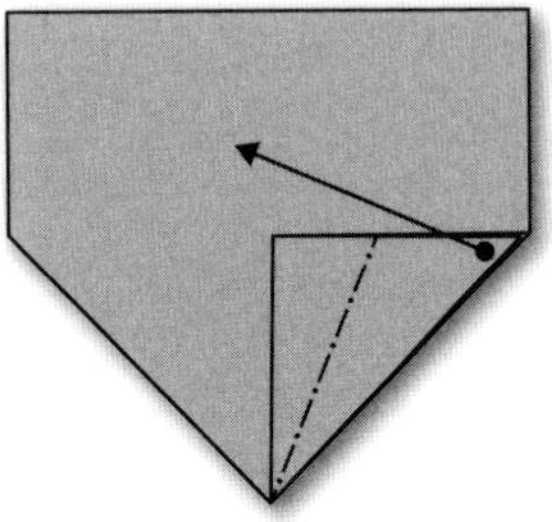

⑤折り線を真ん中に合わせる

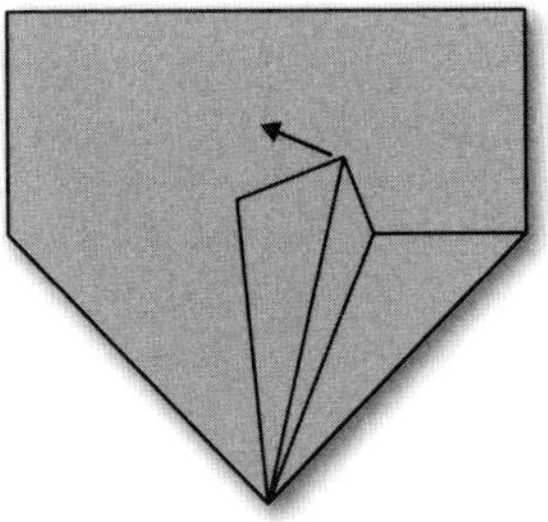

⑥

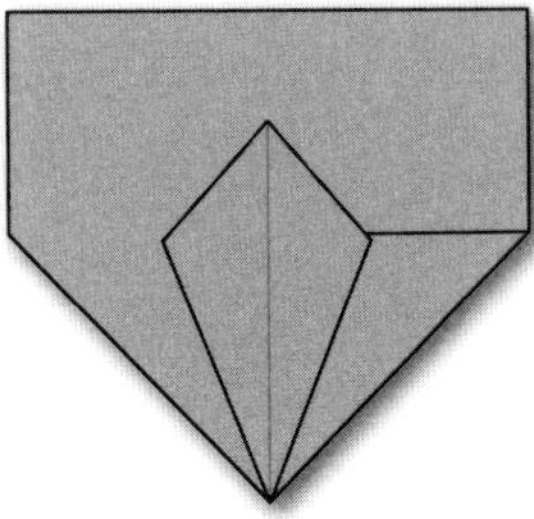

⑦裏返して折り上げる

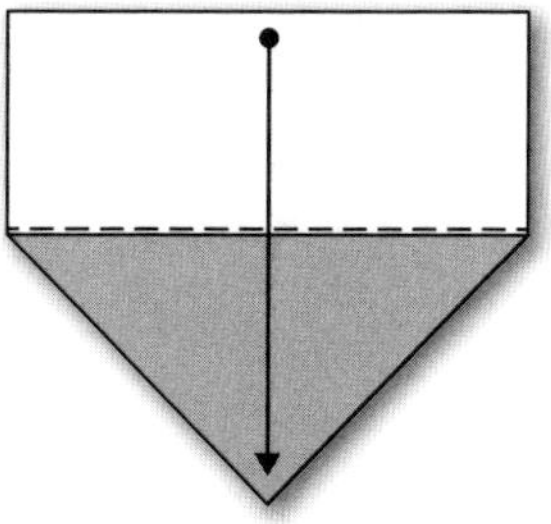

⑧左側から斜めに折り上げる

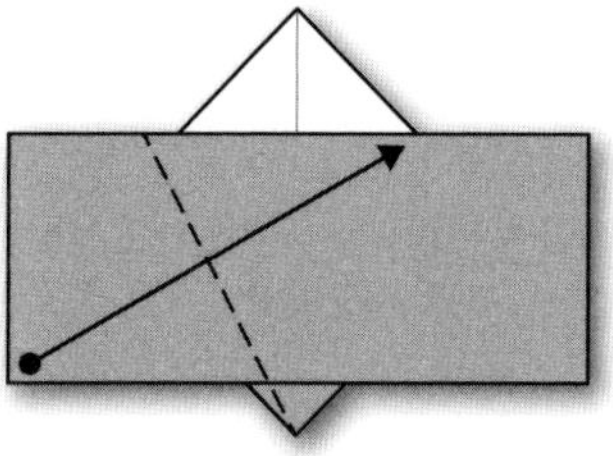

⑨右側も折り上げて、角を中に差し込む

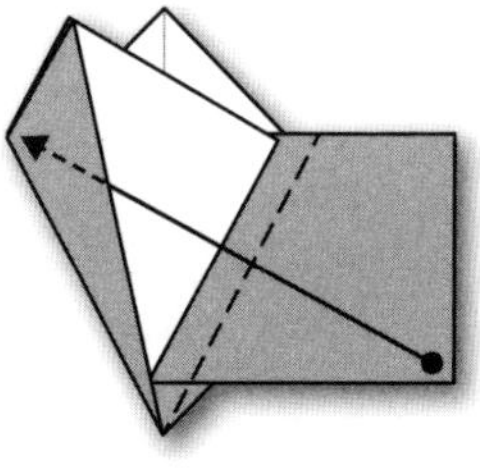

出来上がり

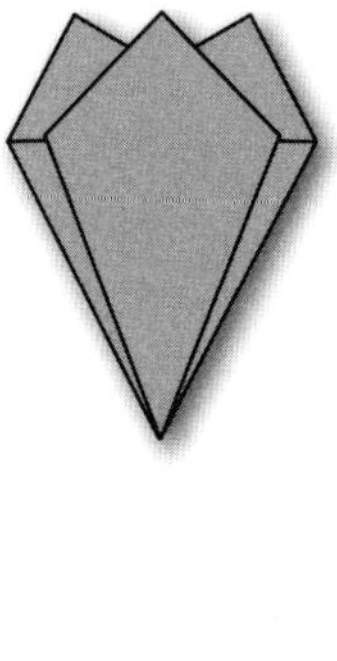

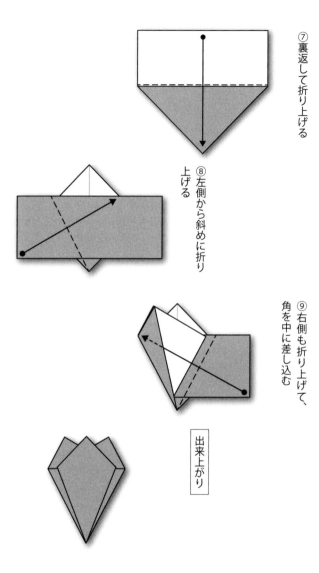

①手順どおりに実際に和紙で折ってください。一度で手順がのみこめない方は何度も繰り返して、よく覚えてください。
②目を閉じて、あたかも眼前に紙があるかのように想像し、実際に手順どおりに手を動かして、想像上の紙が折られていくさまを思い描き、最後のかたちまで折りあげます。
③折りあげたかたちを、しばらく心眼で凝視します。

わずかこれだけのことですが、これがイメージ力を養うのに絶大の効果を発揮します。

というのも、この神折符玄想法においては、雑念はおのずと排除され、誰でも対象に集中できるからです。

「折る」という一連の動作を、手を実際に動かしながらイメージすることは、静止した対象をいきなり思い描くよりも、実ははるかに簡単です。

手を実際に動かすことによって、現実に折っているときの感覚が付随し、おのずとイメージを結びやすくなるからです。

一般的な折紙にせよ、斎宮神法の形象や折符にせよ、それを作ろうとする時、私たちが頭に描いたものを、私たちの手は和紙を折りたたんで形作っていきます。つまり手はイメージを実体化する媒介となっています。ですから、手を動かすことによって、脳はそのイメージを容易に再構成できるのです。

実際にやってごらんになれば、折っていく過程を思い浮かべながら、他のことを考えるほうが難しいことがわかります。つまり雑念を追いはらい、ひとつのイメージに集中するという困難なワークが実に簡単に達成できるわけです。

「三剣之略符」で出来るようになったら、他の折符でも同じことを試してみてください。ふつうの折紙で試してみるのもいいでしょうが、奇霊《くしび》な力を秘めた神伝の斎宮神法の符を対象にしたほうが、その符と気線がつながり、一石二鳥でしょう。この神折符玄想法は簡単なようでたいへん奥が深く、これだけをひたすら修練し、驚くべき神通力を得た方もおられます。

そこまでには至らなくても、このワークを続けているうちに、あなたのイメージ能力は飛躍的に高まり、どんな場面やどんな対象物でもリアルにイメージし、それを一定持続できる力がつきます。同時に自然と記憶力がよくなり、ひらめきが得やすくなります。

そもそも斎宮神法の折りは書物によって伝えるべきものではなく、口伝によって伝えられるべきものです。それも師匠が一回折るのを見るだけで、その一回をはっきりと頭脳に刻みこまなければならないのです。神折符玄想法を修していれば自然にそういったことも出来るようになるものです。

わたしはさほど記憶力のよいほうではありませんが、それでもわたしの頭のなかにはかなりの数、折りの過程および最終的な出来上がった形象がイメージとして入っています。

なお、イメージが持続できるということは、集中力が身につくということです。集中とはただひとつのことに注意を向け、それを持続することだからです。

第三章で、折紙の効用のひとつとして集中力が養われるということを述べましたが、この神折符玄想法を修することで、集中力はさらに飛躍的に高まります。

あとがき

本書は、折紙（折り）には幸せを呼ぶ込む不思議な力があること、またその秘められた歴史を説き明かすことを目的として執筆しました。

どなたでも、小さいころに鶴とか、舟などを折ったことがあると思います。そのように私たちの身近にある折紙ですが、その歴史とか、効能などを表裏にわたって詳細に記した書物はほとんどありません。

本書では、折紙の一般的な歴史に加え、これまで一部の人々にしか知られていなかった秘められた歴史、また手を動かすことによる脳などへの刺激の効果といったものだけでなく、折紙の「かたち」が有する不可思議な霊力などについても記しています。

本書を読まれたらお分かりのように、折紙は、遥かな昔、天上界から天孫が降臨される際に、皇位のしるしである三種の神器（鏡・剣・玉）とともに地上にもたらされ、天皇家に伝承されました。それが伊勢神宮を現在の地に定められた倭姫命《やまとひめのみこと》によって大成され、その後、伊勢神宮に奉仕する未婚の皇女である歴代の斎王（斎宮）が次々と長い間それを神事に用い、守り伝えたのです。

その伊勢の地において神事に用いられていた秘め事（姫事）としての折紙が、南北朝の動乱の際に、民間に洩れ出て、その一部が神道家の秘伝とされたり、あるいは儀礼折紙になったり、遊戯折紙にもなったのです。

もともと天からもたらされた霊的なものですから、ある種の折紙には、宇宙の真理、生成化育の原理、神道の極意などが余すところなく内在し、更には、折ることによって、本源的な意識が目覚め、宇宙の玄妙な霊理を体得し、神人一体の自由自在の境界に入ることもできるとされています。

天来の神秘の力を持った折紙は太古から現代に至るまで綿々と相承され、いくつかの系統に伝えられてはいるのですが、あるものはその口伝を失い、またあるものはその一部しか伝えていません。

本書ではこの霊的な折紙を継承した人物とか団体のなかから、斎王と深い関わりを持つ松浦家に関する伝承にスポットライトをあて、折紙が有しているその深い意義にも触れ、できるかぎりにおいて口伝、技法にも言及しました。

斎王が伝承した折紙の「かたち」は、宇宙の創造原理をそこに結晶化し、神定めに定められたものですから、その定められた通りのある一定の「かたち」に紙を折る時、あるいは魂を鎮め、あるいは災いを祓い、あるいは寿福を将来することなどもできるとされています。つまり幸せを呼ぶことができる折紙があるのです。

また折紙には、神秘的な折紙でなくとも、いろいろと効能があります。想像力、創造力、集中力などを養うことができるだけでなく、手順の妙とか、正確さの大切さ、あるいは身体や頭を働かせることの楽しさを分からせてくれます。お年寄りの方でしたら、ボケ防止にもなることでしょう。折紙に神秘的な力があるとか、ないとかということは抜きにしても、こうした効能だけでも、折紙に親しむ意味はあるのではないでしょうか。

本書には、皆さんのよく知る鶴や舟などの伝統折紙に加え、霊的な力を有する折紙を紹介しました。その折紙の応験は絶大です。折紙の秘密を説き明かした本書が、縁があって本書を手にしたあなたに、多くの幸せを呼ぶことを願いつつ筆をおかせて頂きます。

幸《しあわ》せを呼《よ》ぶ折紙《おりがみ》の秘密《ひみつ》

2015年5月8日　初版発行

著　者　大宮司朗
発行者　堀本敏雄
発　行　八幡書店
東京都品川区平塚2-1-16 KKビル5F
TEL：03-3785-0881　FAX：03-3785-0882
印　刷　平文社
製　本　難波製本

装幀&本文レイアウト　勝木雄二
イラスト制作　谷元将泰

カバー写真提供（祈る斎王）　斎宮歴史博物館

ISBN978-4-89350-747-1 C0014 ¥1600E

唱えるだけで運気転換・大望成就！
大祓詞から宮地神仙道の秘呪まで網羅！

古神道祝詞集

大宮司朗＝監修

本体 3,800 円+税
経本

大祓詞、禊祓詞、三種祓、六根清浄太祓はもとより、伯家、吉田家、橘家などの伝書にみえる一般には知られていない古伝の秘詞、宮地神仙道の祝詞、神仙感応経、さらに宮地水位大人の未公開の秘呪を収録。日々の朝拝、夕拝から諸社参拝、大願成就の祈祷までほぼ完璧に対応。

禊祓詞（平田篤胤伝、神祇伯家伝、吉田家伝）／大祓詞／三種太祓／ひふみ神文／天の数歌／招神詞／送神詞／最要中臣祓／三科祓／鳥居祓／遥拝詞／一切成就祓／六根清浄太祓／五行祈祷祝詞／五形祓／手水の呪／気吹祓／除悪夢祓／稲荷大神秘文／五狐神祝詞／三雲祓／神棚拝詞／産土神拝詞（一般、宮地神仙道伝）／祖霊拝詞（平田篤胤伝、宮地神仙道伝）／霊鎮祓／諸社神拝詞／十種布留部祓／道士毎朝神拝詞／五元之浮宝秘詞（宮地水位伝）／年災除祝詞／祈念詞（紫龍仙伝）／手箱神山遥拝詞（宮地神仙道伝）／向北辰唱秘言（宮地常磐伝）／神通秘詞（宮地水位伝）／神仙感応経（太上感応篇）

禁断の古神道秘術を映像で大公開 !!

大宮司朗＝監修

DVD 版　十種神宝秘玄

本体 6,800 円+税
DVD 45 分（カラー）

◎死者をも甦らせるという凄まじいパワーをもつ秘法「とくさのかむたから」の神髄を映像メディアで初公開。 ◎十種神宝の秘印の結び方から、自修・他修の鎮魂法まで映像を通じて詳しい指導が受けられる。 ◎大宮司朗先生みずから、「十種神宝神術・奥の伝」をもって、皆様に玄気を注入。 ◎岩笛と密咒の霊妙なリズムが谺するなか、古神道の世界とサイバー感覚の映像がクロスし、時空を越えた意識の拡大・爆発を強力に誘導。

霊視術・夢見の法から脱魂・霊胎結成・識神駆使まで

玄想法秘儀

大宮司朗＝著

本体 12,000 円+税
A5 判　上製　クロス装幀　函入

玄想法とは、幽体を解き放ち、現幽神三界を探訪したり、夢を自在にコントロールして予知や霊視など覚醒時には抑制されている潜在能力を引き出す秘法である。本書は、玄想法にもっとも通じておられた神人・宮地水位大人の霊著『霊胎凝結口伝』『神仙霊感使魂法訣』『神仙導引気訣』を中核とし、「目に見えないものを見、耳に聞こえないものを聴く」玄想法の秘義──玄夢駆使法、鎮魂鳥居之伝、神折符玄想法、ス字感想法、玄気霊視法、水晶球玄視法、幽体顕現法、識神生成法、山相秘伝など、見えざるを見、聞こえざるものを聴く妙法を集大成。